CRÍTICA À ECONOMIA POLÍTICA DO DIREITO

CARLOS RIVERA-LUGO

CRÍTICA À ECONOMIA POLÍTICA DO DIREITO

EDITORA
**IDEIAS&
LETRAS**

DIREÇÃO EDITORIAL:
Marlos Aurélio

CONSELHO EDITORIAL:
Fábio E. R. Silva
Márcio Fabri dos Anjos
Mauro Vilela

COORDENADOR DA SÉRIE:
Alysson Leandro Mascaro

COPIDESQUE E REVISÃO:
Pedro Paulo Rolim Assunção
Thalita de Paula

DIAGRAMAÇÃO E CAPA:
Tatiana Alleoni Crivellari

ILUSTRAÇÃO DA CAPA:
Independente!
Gravura de Alysson Leandro Mascaro

TRADUÇÃO:
Daniel Fabre

Título original: *El Nomos de lo Común*
Série Direito & Crítica
Todos os direitos em língua portuguesa, para o Brasil,
reservados à Editora Ideias & Letras, 2019.

1ª impressão

EDITORA
**IDEIAS&
LETRAS**

Rua Barão de Itapetininga, 274
República - São Paulo /SP
Cep: 01042-000 – (11) 3862-4831
Televendas: 0800 777 6004
vendas@ideiaseletras.com.br
www.ideiaseletras.com.br

**Dados Internacionais de Catalogação na Publicação (CIP)
de acordo com ISBD**

Crítica à Economia Política do Direito/Carlos Rivera-Lugo (tradução de Daniel Fabre).
São Paulo: Ideias & Letras, 2019.
192 p.; 14cm x 21cm.
Tradução de: El Nomos de lo Común
Inclui bibliografia.
ISBN: 978-85-5580-054-2

1. Direito 2. Economia 3. Economia Política
I. Fabre, Daniel II. Título III. Série.

2019-30

CDD 346.07
CDU 34:33

Elaborado por Vagner Rodolfo da Silva - CRB-8/9410
Índices para catálogo sistemático:
1. Direito econômico 346.07
2. Direito: Economia 34:33

SUMÁRIO

PREFÁCIO 7
APRESENTAÇÃO 13

1. O MATERIALISMO NORMATIVO DO REAL: VINTE TESES 23
2. CRÍTICA À ECONOMIA POLÍTICA DO DIREITO 33
3. O *ESTADO DE FATO* 101
4. COMUNISMO E DIREITO: REFLEXÕES SOBRE A CRISE ATUAL DA FORMA JURÍDICA 117
5. O *NOMOS* DO COMUM 151

REFERÊNCIAS 187

PREFÁCIO

Um dos maiores nomes do pensamento jurídico crítico de nosso tempo, Carlos Rivera-Lugo se destaca, nas últimas décadas, por uma refinada e exigente construção materialista do fenômeno do direito nas sociedades capitalistas. Em um ambiente jurídico tradicionalmente conservador e que, raramente, quando progressista, é dominado por apostas em boas torções no uso do direito, Rivera-Lugo a isso contrasta a determinação da forma social do direito, que impede de encontrar, tanto na juridicidade quanto na institucionalidade política, espaços de suficiência para a superação do capitalismo. Com uma trajetória pessoal muito próxima das lutas de vários povos e movimentos sociais latino-americanos, Rivera-Lugo constrói sua reflexão teórica a partir de marcos externos ao direito e ao Estado. Aplicando o arsenal mais radical do pensamento de Marx e Pachukanis aos dias de hoje, a perspectiva de Rivera-Lugo busca encontrar esferas do comum e seus possíveis *nomos* como espaços de tentativas políticas anticapitalistas. Para tanto, conecta o melhor de sua história de vida e de luta por vários países do mundo – onde pôde ver potenciais, limites e contradições de tantas experiências políticas e sociais – com sua refinada trajetória intelectual.

Este livro, que pela primeira vez oferece ao público de língua portuguesa o acesso mais completo e sistemático às ideias de Carlos Rivera-Lugo, fornece um painel de sua produção mais avançada e recente. Os pensamentos de Marx e Pachukanis são o pano de fundo para problematizações que abrangem os mais modernos teóricos críticos do marxismo e de sua tangente – num arco que vai, dentre outros, de Althusser a Badiou. A reflexão de Rivera-Lugo abraça o melhor da atualidade e, ainda, unifica campos teóricos que se apresentavam, há muito, segmentados. Sua reflexão sobre o direito perpassa a economia capitalista e suas contemporâneas manifestações; enfrenta sem rejeitar nem abraçar acriticamente as experiências políticas como as bolivarianas; busca atrelar a subjetividade jurídica à subjetividade psicanalítica e suas atuais conformações. Tal qual Marx, que desloca o objeto da economia tradicional para uma vasta e estrutural crítica da economia política, Rivera-Lugo também desloca o direito reiterado pelos juristas para o campo amplo, e ao mesmo tempo determinado socialmente, de uma economia política do direito.

Os textos reunidos nesta *Crítica da economia política do direito* fazem um original entrecruzamento das leituras contemporâneas do marxismo, chamadas por alguns de "novo" marxismo. Em meu livro *Filosofia do direito*, sistematizo e proponho sua compreensão a partir de três eixos centrais e um de tangente. No eixo central, leituras da forma-valor e da sua derivação na forma política estatal e na forma da subjetividade jurídica se veem em pensamentos como os dos derivacionistas, para o campo do Estado, e dos pachukanianos, no campo do direito. Vertentes de politicismo, mais calcadas na vontade e na ação social, fazem um outro campo desta leitura marxista atual, e, na outra ponta, estão visões que se centram no problema da crise econômica do capitalismo atual, como as da nova crítica do valor. No eixo de tangente, problemas e proposições da psicanálise e de outras abordagens metodológicas complementares, como as do pós-estruturalismo e do pós-marxismo. A obra de Rivera-Lugo, embasada na materialidade científica de Marx, Engels e Pachukanis, abre-se e dialoga, com grande proveito, com tais novas teorias e filosofias que surgiram nas últimas décadas, no marxismo e em sua tangente. Foucault, Holloway, Lacan, Negri, Badiou, Žižek, Agamben, Laval e Dardot são alguns de seus exemplos. Concomitantemente, estabelece um importante diálogo com o pensamento crítico latino-americano, pautando-se em autores como Dussel, Correas, García Linera, dentre outros. Como resultado, Rivera-Lugo empreende uma construção teórica bastante original. Seu marxismo é um tanto radical e revolucionário – haurindo, dos clássicos, sua matriz – quanto contemporâneo – discutindo o capitalismo em sua reprodução e suas reiterações atuais. Sua universalidade de referências teóricas é também embalada no seio da mirada e do espaço político latino-americano.

Carlos Rivera-Lugo se ocupa, em especial, em compreender as experiências dos governos e movimentos sociais de esquerda na América Latina. Com atenção maior se volta às manifestações, aos potenciais, aos limites e às contradições do que ocorreu no México, na Venezuela, no Equador e na Bolívia. Aqui, destaca-se sua reflexão sobre o tema das normatividades sociais, pensadas a partir do caso do zapatismo, bem como a indagação das funções estatais, tendo por base o Estado bolivariano e, ainda, o alcance das lutas dos povos indígenas latino-americanos contra o capitalismo global.

Ao tratar da normatividade, Carlos Rivera-Lugo avança para além da tradicional dicotomia estatal da legalidade e sua negação e, ainda, para além das fáceis composições da própria legalidade estatal com reivindicações e lutas que pudessem ser a ela emparelhadas, numa espécie de normativismo plural. Em seu pensamento, levanta-se o conceito do materialismo normativo do real.

Pensar as múltiplas normatividades presentes – e mesmo aquelas que possam ascender como superadoras da sociabilidade capitalista – exige compreender sua materialidade e sua determinação a partir dos modos de produção. Com tal mirada de base, torna-se, então, factível desdobrar o comum como núcleo subjetivante e normatizante de criação de uma sociabilidade comunista. É com este materialismo normativo do real que Rivera-Lugo assenta o debate sobre o *nomos* do comum, sobre o *não direito* e, ainda, sobre a constituição das subjetividades no capitalismo.

Na mesma linha de uma leitura material do fenômeno social – e da politicidade e da juridicidade subjacentes – Rivera-Lugo aponta para a construção do conceito de "Estado de fato", cuja concretude é distinta daquela da armação normativa ou declaratória do Estado burguês dito de legalidade. Ultrapassando os paradigmas que tratam direito e Estado como fenômenos desdobrados um do outro e de algum modo tendentes a algum grau de coerência, Rivera-Lugo insiste que há uma estatalidade de fato que se sobrepõe a uma estatalidade de direito. Seu ancoramento está na própria reprodução social capitalista, cujos marcos atuais – como o do pós-fordismo – são dependentes de estratégias de acumulação por despossessão. O neoliberalismo espraia a politicidade por regiões distintas daquelas de uma mera dedução normativa estatal. O *Estado de fato* está atrelado à lógica de um estado de guerra permanente. Dá-se, aqui, um influxo na regulação da vida social: não mais pelo direito formalmente declarado, mas por normatividades variadas que ensejam e mesmo fortalecem a submissão dos indivíduos à dinâmica da acumulação.

O pensamento de Carlos Rivera-Lugo a respeito da exploração capitalista e das formas dinâmicas da dominação faz eco à sua história de vida ao lado da classe trabalhadora e dos grupos oprimidos pelo mundo. Nascido nos Estados Unidos, oriundo de família porto-riquenha, mas por opção posteriormente estabelecido em Porto Rico, onde desde jovem se engajou na luta pela independência de seu povo, aí dirigiu e fundou relevantes instituições de ensino superior. A partir de Porto Rico e do México, nos quais nas últimas décadas baseia suas atividades docentes em destacadas universidades, a variados países pelo mundo onde tem falado e unido juristas e lutadores da transformação social, Rivera-Lugo tem sido um notável exemplo de intelectual revolucionário, resiliente em face das contraposições e antagonismos, inovador e sempre à frente do debate crítico presente.

Amigo dileto e especial, generoso, engajado, infatigável e esperançoso; tenho a alegria de desfrutar do convívio fraterno e da estrada de luta e de muitos trabalhos acadêmicos e intelectuais em conjunto com esse baluarte da crítica jurídica de nosso tempo. A obra de Carlos Rivera-Lugo em português dá ao nosso público leitor a possibilidade de uma fusão superior de horizontes de pensamento e luta pelo socialismo.

São Paulo, 2018.

Alysson Leandro Mascaro
Professor da Faculdade de Direito da USP

APRESENTAÇÃO

À Iara Iavelberg

Segundo Karl Marx, embasado em uma perspectiva materialista, o ponto de partida de toda crítica é uma situação real, um fato empiricamente constatável, produto do contexto histórico-social, que se encontra em contínuo movimento e mudança. Uma compreensão cabal da realidade requer ir para além de suas manifestações superficiais e de suas aparências. Deve-se desconstruí-la, identificar seus elementos constitutivos básicos, conhecer as travas internas de cada um deles e seus condicionamentos entre si, para chegar assim à realidade concreta.

Pois bem, não se chega ao real, em toda sua concreção, a partir das categorias, dos conceitos e enunciados legados pelo paradigma científico da Modernidade capitalista. Deve-se transpassar esse paradigma, seu marco conceitual obsoleto e a falsa situação que descreve. Deve-se tomar distância das ficções que nos vendem de um lado ou de outro. Por isso, Marx insiste que, se temos de sair desse marco teórico alienante, devemos recorrer necessariamente, em termos metodológicos, a uma perspectiva bastante outra, ou seja, materialista. Assim, a produção criativa de conceitos, categorias, proposições e ideias novas nos permitirá uma aproximação mais ancorada na realidade e, consequentemente, na articulação de uma prática mais consoante com esta.

Nesse sentido, não se trata de substituir certos constructos ideais por outros, mas consiste em uma nova aproximação materialista do real, que produza aqueles conceitos, aquelas categorias, proposições e ideias que nos permitam articular uma compreensão mais completa e integral de nosso objeto de estudo, em sua rica totalidade de determinações e relações diversas. Uma vez que conhecemos as determinações mais simples de um todo e de suas tendências, seu *movimento real*, podemos representar esse todo não de forma caótica, mas de forma ordenada e sistemática. Só assim se pode aspirar à superação da aparência das coisas, sobretudo no caso do Estado e do direito.

Marx adverte que não se trata de pensar sobre os indivíduos e as coisas em abstrato, mas em determinadas relações sociais e no contexto de determinados processos: a produção e troca de mercadorias em uma sociedade de classes, assim como a maneira com que se reparte a riqueza nela. O real é um fenômeno relacional sob o qual se encenam contradições determinadas pela apropriação privada e excludente da riqueza socialmente produzida por uma classe social dominante ou hegemônica. De qualquer modo, na realidade o processo de produção é eminentemente social e cooperativo.

Quanto ao direito, Marx insiste que toda investigação das relações jurídicas não pode ser abordada como se estas tivessem vida própria ou como se fossem tão somente o resultado do progresso geral da humanidade. Pelo contrário, Marx aponta que se nos ativermos à realidade e efetividade do direito, as relações jurídicas não poderão ser compreendidas senão como expressões das contradições materiais da vida, sobretudo da economia política, a qual constitui a razão última do Estado e do direito. Longe de cair em um reducionismo determinista, como alguns o adjudicam, Marx logrou entender o processo tendencial de subsunção real e total, o qual ia atravessando o direito sob a economia de seu tempo. Neste processo, é a norma que se submete ao fato.

Nestes tempos, se faz cada vez mais patente que nosso modo de regulação social nasça abertamente do fato. No fundo, o fato sempre foi a fonte material do direito, ainda que se pretendesse ocultá-lo ou desvalorizá-lo. Trata-se de fatos de força que têm como origem o Estado, o mercado ou a comunidade, as entidades financeiras transnacionais ou os movimentos sociais. Tais fatos possuem uma força normativa com uma efetividade contundente, ainda que não estejam formalmente reconhecidos e validados sob a legalidade vigente, e que muitas vezes excedam os limites estritos desta. Assim, potencializou-se uma sociabilidade constitutiva que vai erigindo em seu lugar uma nova realidade plural e complexa de positividade normativa, para além do Estado.

Esta reformulação do direito e da normatividade em geral é uma das trincheiras mais importantes da conflituosidade social característica de nossa era. E mais, não exageramos se afirmamos que o direito está hoje na linha de fogo da atual crise capitalista. Essa crise se reflete não só em torno do conteúdo positivo do direito, mas também em relação à sua própria forma. Contudo, a partir de suas pretensões monistas, o direito segue negando toda normatividade e possibilidade de justiça que se prescreva para além dele, ou que não se submeta às suas lógicas formais e determinações de força.

Exemplo disso é a total impunidade com que atuam no mundo governos como, por exemplo, o dos Estados Unidos e de Israel. E, na medida em que estes não respondem por suas violações abertas ao direito internacional e não são castigados por seus crimes contra a humanidade, seus atos vão constituindo-se em fatos cuja força normativa lhes faz adquirir uma validade de fato. Na medida em que não são declarados ilegais, se erguem assim como expressões de uma *legalidade latente*, validada estritamente pela situação de força que os contextualiza.

Algo parecido ocorre na atualidade no caso do Brasil, onde uma sequência de decisões politicamente motivadas, desde o golpe "legal" contra a presidenta Dilma Rousseff até a condenação e aprisionamento do ex-presidente Luiz Inácio Lula da Silva, são protagonizadas, em última instância, por uma constelação de poderes fáticos, sobretudo econômicos e financeiros, internos e externos. Trata-se de fatos que possuem uma força normativa, particularmente pela cumplicidade institucional de setores do ramo judicial, que tem como resultado a validação do sequestro ou, se preferir, da compra da chamada democracia representativa. No Brasil, estamos ante uma configuração autoritária do poder de mando de uma oligarquia corrupta e entreguista.

A mesma ordem civil de batalha selvagem própria da ditadura passada, a qual se acreditou ter superado, segue habitando as sombras. Ergueu novamente sua cara ao não poder recuperar, por vias eleitorais, tais interesses oligárquicos e o controle total sobre a governabilidade para impor, sem contrapartida alguma, a agenda neoliberal. A partir disso, optaram por deixar as aparências para redefinir, sem muitos rodeios, os limites atuais do Estado e do direito estritamente como resultado da imposição de um balanço favorável de forças. Os neoliberais nunca ocultaram seu grande desdém pelas chamadas instituições democráticas. E, assim como o Estado de Direito passou a se constituir em *Estado de fato*, sob o qual se abriu passagem para a criminalização de todos os que se opusessem à agenda classista de dita oligarquia, que inclui a reinserção neocolonial do Brasil sob a esfera de interesse e influência de Washington.

Pois bem, não posso estar de acordo com aqueles que denunciam o ocorrido nos casos de Dilma Rousseff e Lula da Silva como uma vulnerabilidade da "democracia" por parte dos ramos legislativo e judicial, ainda que com todas as violações cruas às devidas garantias processuais e demais direitos substantivos. O caráter inquisitório do processo judicial contra Lula evidenciou a todas as luzes uma parcialidade político-partidária como a que se presenciou também na escandalosa destituição da presidenta Dilma Rousseff. Entretanto, o que acontece quando o chamado Estado de Direito assume abertamente seu caráter classista e excludente? O que acontece quando ele opta por assumir abertamente seu caráter ditatorial, deixando em evidência que não somos todos iguais ante a lei? Quando o Estado de Direito burguês renuncia até mesmo a aparência de atuar estritamente conforme uma legalidade igual para todos, perde toda legitimidade e exibe suas verdadeiras garras. Nos ocorridos citados acima, voltou a se manifestar a maldição que contém a forma jurídica burguesa como modo, em última instância, de controle e dominação. Como tal, ela demonstrou, uma e outra vez, sua incapacidade para aceitar uma reordenação política e social que ameace, mesmo que minimamente, a reprodução contínua do sistema.

O único "garantismo" que o sistema reconhece, enfim, é o dos interesses do capital e de seus corruptos representantes políticos. Não existe a possibilidade de uma justiça verdadeira, nem de transformações que atinjam a raiz dos problemas graves que afligem nossas respectivas sociedades, submetidas às regras parciais de jogo que caracterizam a versão burguesa da democracia. Daí que se deve romper já com o fetichismo predominante do direito que, há tempos, custa caro, demasiado caro, às aspirações dos que vivem comprometidos com a construção de uma nova sociedade que ponha fim à opressão e exploração de alguns seres humanos por outros. Deve-se superar, de uma vez por todas, essa impotência coletiva que acarreta o abandono da proposta afirmativa da revolução e nos leva à administração dedicada do existente como se fosse algo natural e eterno.

Daí a grande lição: para alcançar a justiça deve-se transpor o direito, isto é, pensar fora dele; deve-se romper com a ilusão, constantemente refutada pelas circunstâncias, de que é possível fazer justiça hoje sem romper essencialmente com o direito, como modo concreto, historicamente determinado, de regulação e estruturação social. Da mesma forma que a aposta reformista que surgiu em torno do capitalismo durante o século XX, essa outra aposta correlata de mudança, a realizada em torno do Estado e do direito, se esbarrou finalmente contra a realidade. Ter feito a garantia de uma série de direitos sociais, econômicos e políticos conquistados depender do Estado resultou em uma aposta perdida na medida em que, uma vez retomado o controle absoluto do Estado pelo capital, se fez valer a expressão: "o que é de César, a César". Sem falar do ilusionismo que se propagou com a subsunção de todas as reivindicações sob a forma jurídica, o que permitiu ao Estado determinar o alcance de ditos direitos e cooptar os processos sociais autônomos de produção normativa que surgiram à margem. Termos nos colocado nas mãos do direito não significou, então, a potencialização plena de nossas reivindicações, mas sua diminuição e eventual anulação. Por isso é que se deve aceitar que apenas pode haver uma mudança verdadeira caso se potencialize uma nova possibilidade de normatividade e ordenação social para além do Estado e do mercado capitalistas. Como se diz em meu país: não se pode pôr a cabra para cuidar da alface!

Não obstante, é necessário advertir, a partir de uma compreensão cabal da dialética materialista, que igualmente não basta a progressiva superação e eventual destruição do direito burguês, incluindo a superação da forma jurídica, mas esse processo tem que ser presidido pela afirmação do novo. Deve-se entender que o estabelecimento de outra forma de normatividade autodeterminada, ou seja, não centrada no Estado, poderia se ver malograda se reduzida à mera negação do que existe.

A mera negação não consegue motorizar o impulso histórico organizado cujo movimento é necessário para a transformação revolucionária desejada.

A tendência a resumir o objetivo político em "oposição democrática" ou em reforma do estabelecido constitui "uma negação fraca" que se distancia de toda potência realmente transformadora da negação. Não há voltas a dar: a negação do que existe é necessária, e ainda são a criação e a afirmação de novas possibilidades que potencializam, verdadeiramente, essa negação da atualidade.

Espero que o presente livro sirva como uma humilde proposição afirmativa dessa possibilidade bastante outra, a cujos impulsos antecipatórios, de tipo sociais e comunitários, faço referência. Não me interessa contar contos, nem seguir iluminando falsas ilusões. O que desejo é armar meus leitores com algo mais do que novas ideias para entender melhor as fissuras atuais do Estado e do direito. Sobretudo, espero que essas ideias sirvam para animar novas e imprescindíveis lutas comprometidas com sua transformação revolucionária.

Não desejo concluir sem antes agradecer de todo coração ao querido amigo Alysson Leandro Mascaro pela iniciativa e coordenação deste projeto editorial. Desde que nos conhecemos e compartilhamos, no Rio de Janeiro em 2015, um seminário sobre Marxismo e Direito, nos comportamos com irmandade através de um pensamento sensivelmente compartilhado, sobretudo caracterizado por nossa afinidade com as ideias desse grande jurista bolchevique, Evgeni Pachukanis. Isso levou ao estabelecimento, entre nós, de uma relação estreita de colaboração da qual é produto este livro, publicado sob a Série Direito & Crítica – coordenada pelo próprio companheiro – da Editora Ideias & Letras, de São Paulo, a qual também agradeço pelo apoio.

Vai também o mais profundo agradecimento ao companheiro Daniel Fabre, que foi responsável pela excelente tradução do espanhol ao português dos textos aqui contidos. O companheiro Fabre se constituiu, finalmente, em muito mais do que um mero tradutor, tendo se forjado no processo também um vínculo sincero de amizade e colaboração entre nós.

Por último, desejo me referir à dedicatória que preside este texto. Trata-se de Iara Iavelberg: uma jovem paulista, docente, psicóloga, guerrilheira marxista – e companheira de luta de Dilma Rousseff – que morreu assassinada em Salvador, Bahia, nas mãos das forças repressivas da ditadura, em agosto de 1971. Hoje, o Centro Acadêmico do Instituto de Psicologia da Universidade de São Paulo leva, muito merecidamente, o seu nome.

Ao momento da morte de Iara Iavelberg, com apenas 27 anos de idade, me achava fazendo estudos de mestrado em Ciência Política em Santiago do Chile, em meio a essa extraordinária experiência histórica que viveu o dito país sul-americano, sob o governo da Unidad Popular, encabeçado por quem conhecíamos como o companheiro presidente, Salvador Allende Gossens. Inclusive, em fevereiro de 1972, em plena ditadura, visitei pela primeira vez o Brasil, incluindo São Paulo.

Não recordo bem porque a queda de Iara Iavelberg me impactou tanto nesse momento. Seguramente, tinha a ver com o fato de que naqueles anos eu também me via convocado pelas lutas do momento, me comprometendo também em dedicar-me completamente a essa campanha tricontinental que se libertava por todo lado em Nossa América, assim como na Ásia e África, para "tomar de assalto o céu", ainda que nos custasse a vida. Igualmente à jovem revolucionária paulista, a mera compreensão intelectual sobre o mundo em que vivia já não me bastava. Naqueles dias, insistia-se que é na prática em que se encontra o mais efetivo critério da verdade.

Entretanto, vale mencionar que, em 21 de agosto de 1971, um dia depois do assassinato de Iara Iavelberg (segundo a versão oficial), cheguei à Bolívia, junto de outros companheiros, para conhecer em primeira mão a experiência de transformação que se vivia naquele país. Nesse momento, acontecia uma recém-constituída Assembleia Popular que, agrupando representantes de todos os setores populares, se propunha a iniciar, com o apoio do então mandatário, General Juan José Torres, um processo de transformação revolucionária da sociedade. Entretanto, em nossa chegada a La Paz, em 21 de agosto, ocorreu um golpe de estado, inicialmente em Santa Cruz. Estava encabeçado por outro general, este de direita, chamado Hugo Banzer. Enquanto a esquerda avançava na negação do que existia, a direita impunha por armas sua própria "negação da negação".

Nos vimos, assim, imersos, de repente, em uma batalha campal nas ruas entre as forças golpistas e as leais ao governo. Junto de meus companheiros devíamos enfrentar o desafio que nos propunha o momento, o de que transcendêssemos o mero compromisso intelectual com a mudança revolucionária para um compromisso prático, com todos os riscos que ele acarretava. Finalmente, decidimos nos incorporar à luta, ainda que apenas para prover os primeiros auxílios aos que resistiam ao golpe. Forçosamente tivemos que aceitar que, entre outras razões, apenas conhecíamos a cidade e, menos ainda, devido à altitude, estávamos em condições de nos mover rapidamente por ela. Em nossa primeira tentativa de chegar ao centro da cidade, cenário dos principais combates, fomos alvo de alguns franco-atiradores que estavam postados nos tetos de alguns edifícios, o que nos impediu de chegar a nosso destino. As balas caíram ao nosso redor. Nos vimos forçados a nos jogar no solo e a nos proteger detrás do que aparecesse para não sermos abatidos. Ao cabo de um momento, desistimos de nosso plano original e decidimos regressar à casa onde nos hospedávamos. À noite, escutávamos as tropas golpistas se moverem pelas ruas circundantes, tocando portas e fazendo detenções. Fomos nos preparando para que a qualquer momento tocassem em nossa porta, já que ali vivia um proeminente dirigente do que se conhecia então como a esquerda revolucionária. Recordo que ele chegou sorrateiramente na noite e nos disse que o golpe tinha conseguido se impor. No dia seguinte, por pedido seu, o ajudamos a sair do país, para evitar que fosse detido pelos golpistas.

Nesse momento, a vida se encarregava de me ensinar que, na hora da verdade, as revoluções não são exercícios intelectuais. Requerem mais sujeitos capacitados para a ação que de seres apenas de ideias. A realidade última da luta se apresentou com uma crueza inusitada. Eram tempos em que a vida ou a morte dedicada à conquista da liberdade era o destino que finalmente tantos voluntariamente assumimos. Apenas a posta revolucionária dava sentido a nossas vidas.

Hoje, quando novamente se pretende, pela força, impor aos demais os desígnios de poucos, deve-se apelar à memória para entender que toda negação da violência estrutural e direta do sistema é explosiva. Trata-se, independente da perspectiva usada, de embates de força que transcendem o que é estritamente jurídico para envolver sempre o que em última instância está em jogo: a própria vida, pois habitamos atualmente em um campo ou ordem civil de batalha. E ante tal fato, a menor distração do pensamento em direção à continuada sustentação de fetichismos que não levam a lugar nenhum, apenas serve para não entender de uma vez que, se seguimos lutando por esse céu pelo que outrora Iara Iavelberg e tantos outros deram suas vidas, é, talvez, porque aprendemos que ele não existe como algo dado, mas como algo que precisa ser criado.

1
O MATERIALISMO NORMATIVO DO REAL: VINTE TESES

> *É daí que puderam fazer perguntas sobre Marx e a propósito de Marx que ele não pode nem soube se fazer. Daí que se poderia dizer que, se queremos "pensar por nós mesmos" ante a incrível "imaginação da história" contemporânea, era necessário que inventássemos por nossa parte novas formas de pensamento, novos conceitos – mas sempre segundo a inspiração materialista de Marx para nunca "contar histórias", e seguir atentos a novidade e a invenção da história. Assim como os desenvolvimentos de pensamentos de maior interesse, ainda que invoquem pouco ou nada de Marx...*
> (Louis Althusser, *O futuro dura muito tempo*)

I. A economia política capitalista não se reduz, em sentido estrito, ao fenômeno econômico. É uma totalidade sistêmica, não sem suas fissuras e contradições, mas que aspira subsumir a vida toda sob suas práticas e lógicas de produção, troca e reprodução. Constitui, assim, um conjunto de relações sociais de dominação e de força.

II. A política, o direito e a ética são esferas ou campos que são intrínsecos à economia política. Sua justificativa sob o capitalismo é a mera produção de riquezas, enquanto o que se deveria fazer, em alternativa, é a produção de bem-estar comum.

III. O direito em particular ou a normatividade em geral são expressões de uma ordem e de um processo social constitutivo: um *materialismo normativo do real*. O que constitui o direito, no fundo, não é um assunto teórico, que se remete às normas positivas do Estado ou à sua interpretação, mas um assunto prático, determinado pelo âmbito da factualidade social. Nesse sentido, o direito é essencialmente a expressão do reconhecimento oficial do fato, particularmente do econômico-político e do balanço real de forças que se manifestam principalmente por meio das relações sociais de produção e de troca que o caracterizam. O Estado burguês de direito está submetido a um *Estado de fato* sob o qual o capital realiza seu sonho de se converter diretamente em Estado, para privatizar em seus fins e lógicas a governança e impor, como exclusivas e eternas, suas "leis" (práticas e costumes) como a razão do próprio Estado.

IV. O direito é uma forma fetichizada de dominação. Por exemplo, a alegada autonomia do direito é uma ficção ou ilusão ideológica, e ela faz parte do fetichismo do fenômeno jurídico, que é central para o imaginário capitalista. Nesse sentido, a ideologia jurídica é essencial para a produção e reprodução do capitalismo, o qual é também um modo de sujeição e subjetividade.

V. A forma jurídica burguesa possui práticas e lógicas classistas e centradas em estado de autoridade, controle e dominação. Essencialmente, "legaliza" e legitima os processos sociais concretos sob os quais o capitalismo impõe seu domínio; reproduz relações de exploração e constitui, a partir disso, sujeitos subordinados. Nesse sentido, é uma forma estruturante de relações hierárquicas e adversas de poder historicamente determinadas, e de instituições e processos que a sustentam. Representa um modo concreto de ordenação e regulação social que não é natural nem eterno e que lhe aflige as mesmas carências e contradições da relação social constitutiva do capital, pelo qual foi forjado na prática. Sua matriz se encontra na forma mercadoria, bem como na forma valor e nas instituições burguesas da propriedade privada e da livre contratação.

VI. A linguagem tópica de infraestrutura e superestrutura estabelece uma dicotomia que deve ser superada. A política, o direito e a ideologia representam formas determinadas do ser social. Como tal, possuem uma existência real na estruturação e reprodução de condições reais de existência, de tipo classista, que incluem práticas sociais específicas do capitalismo como modo de sujeição e subjetividade.

VII. Como modo de sujeição e de subjetividade, o capitalismo pretende apropriar-se de nossos corpos e mentes como mercadorias: primeiro, como força de trabalho, segundo, como subjetividade, e terceiro, como vida biológica e psíquica. O Estado e o direito da subsunção real e total criam assim todo um tecido biopolítico e biojurídico que se divide: por um lado, entre formas diretas e indiretas de dominação, com seus requisitos normativos de controle e repressão que se apresentam como naturais; e, por outro, entre formas de lutas e experiências com uma imanente força constitutiva de novas formas de produção, governança, subjetividade e justiça.

VIII. Se o capitalismo pretende se apresentar como um sistema reduzido a relações entre coisas (mercadorias), para além disso, procura constituir e reproduzir relações de sujeição de seres humanos por outros, de uma classe ou grupo por outras, de uma nação e povo por outros. Por isso, nossa compreensão da economia política capitalista não pode se reduzir a seu aspecto estritamente estrutural – por exemplo, ao econômico – mas é preciso adentrar também na dimensão desta como processo social de produção de sujeitos e de subjetividade, dentro do qual o direito cumpre uma função significativa.

IX. O capitalismo constitui uma subjetividade fragmentada e, como tal, alienada. É uma subjetividade cindida entre sua realidade externa como força de trabalho submetida a uma relação adversa de poder e sua realidade interior definida pela alienação do produto de seu trabalho, incluindo sua crescente marginalização ou precarização. Esta consciência fragmentada de sua realidade o incapacita para significar-se ou ressignificar-se como ser social e outorgar sentido a suas circunstâncias.

X. Pretende-se invisibilizar o ser humano e suas condições reais de existência. Por exemplo, as relações jurídicas se abstraem dessas condições, reduzindo o ser humano a simples sujeito jurídico abstrato que está subordinado a uma legalidade que pretende estar acima da própria vida.

XI. A estrutura constitutiva do sujeito na sociedade capitalista atual é determinada pela relação desigual e adversa com o outro. Sob esta, reconfigurou-se a relação capital-trabalho para que o sujeito aceite renunciar à expectativa de progresso que se generalizou sob o Estado social ou sob o Estado socialista, e que sua despossessão e miséria crescentes não impeçam sua submissão continuada. Produz-se assim uma *foraclusão* do sujeito, produto, dentre outras coisas, das expectativas frustradas e das oportunidades perdidas de mudança antissistêmica durante o século passado. É um sujeito que perambula sem realizar sua *potentia*, por considerar que suas condições materiais são impossíveis de mudar na raiz. É o sujeito da *vida nua*.

XII. O processo atual de subsunção real e total sob o capitalismo não constitui uma totalidade sem fissuras e falhas, tanto objetivas como subjetivas. Assim, necessitamos revisitar o tema do sujeito, sobretudo ante a "proletarização" ampliada de uma sociedade que se constituiu em oficina ampliada de produção de mercadorias e sujeições.

XIII. Naqueles processos sociais contestatários que enfrentam esse modo burguês de sujeição e subjetividade, se potencializa a possibilidade real de certos sujeitos muito diferentes: os que assumem a "negação da negação", incluindo a afirmação de uma nova possibilidade. A viabilidade desta possibilidade bastante distinta não é uma quimera, é uma questão estratégica: como se potencializa ou repotencializa o que hoje está reprimido, isto é, os desejos, os impulsos, as tendências e as experiências concretas de processos e formas anticapitalistas ou não capitalistas. Enfim, se o sujeito é o reflexo de algumas determinações de tipo estrutural, ele pode, por sua vez, decidir e atuar para além destas determinações, partindo de suas contradições e fissuras.

XIV. É preciso o desenvolvimento daquelas categorias e conceitualizações que representam novas formas de ser social e novas estratégias cuja matriz normativa esteja em comum e não nas esferas do privado ou do público. Deve-se entender que, para potencializar as possibilidades transformadoras de nossa ordem civilizatória atual, se necessita constituir novos sujeitos e desenvolver uma nova subjetividade em meio à pluralidade de estados de consciência e compreensões sobre a realidade material. Se é preciso aprender algo dos erros ou fracassos passados é que o comunismo não é apenas um fenômeno econômico, mas, também e sobretudo, um fenômeno de consciência – com toda sua rica, ainda que complexa, pluralidade – que seja parteiro de novas práticas e normas. Qualquer nova aspiração de totalização em favor de somar e constituir uma força comum que desordene favoravelmente o balanço real de forças tem que partir da devida valorização e integração da diferença. Qualquer aspiração de construir outro modo de sociabilidade tem que se propor, ademais, a superação da subjetividade jurídica.

XV. Deve-se ressignificar o que entendemos por sujeito revolucionário. Não se trata de um sujeito universal e singular, mas de uma constelação de sujeitos. O "Um se divide em dois", o que inclui classe e grupo, nação e povo, etnia e comunidade, organização e movimento, que, em virtude da posição que ocupam na sociedade ou da função que realizam, experimentam um processo de *destituição subjetiva*, isto é, tomada de consciência da necessidade vital de romper com a exploração e opressão que vivem, fazer a revolução, e não apenas se opor ao sistema existente, mas se comprometer com sua abolição e sua substituição por um novo modo comunizante de sociabilidade. Trata-se de novos sujeitos que assumam *para si* o papel de agenciar ou servir de catalisador de um processo radicalmente transformativo. Para isso se propõe o imperativo de reconformar a própria consciência e vontade para que superem as necessidades e lógicas que hoje servem para negar a si mesmos.

XVI. *Eventos históricos* como os protagonizados, por exemplo, pelo zapatismo no México e pelo chavismo na Venezuela, constituem aberturas inesperadas de novas e diferenciadas possibilidades que, mesmo dentro de suas contradições e limitações, deram início a uma sequência histórica de fatos com força normativa que possuem o potencial de aprofundar as fissuras que subjazem nas estruturas de dominação do capital em nossa região. Esses eventos fazem propostas afirmativas para romper com a situação de forças e seus fundamentos normativos sob a ordem capitalista-colonial prevalecente. Ademais, criam uma nova subjetividade autodeterminada vinda das manifestações locais e imediatas das lutas de classes, grupos, comunidades, comunas e movimentos. É uma autodeterminação compreendida como associação livre, própria de um *ser-em-comum,* e não a autonomia ou liberdade contratual do ser particular burguês. Trata-se de experiências de insubmissão ante as pretensões contemporâneas de colonização da vida toda sob as lógicas e ditados do capital. Tais *eventos* – e outros processos ou experiências similares de autodeterminação nacional, social e comunitária que emergiram e proliferaram em Nossa América – voltaram a pôr sobre o tapete não apenas a desejabilidade, mas também a possibilidade da revolução, de suas diferentes perspectivas.

XVII. Deve-se transcender o marco estreito e maldito do Estado e do direito capitalistas. Qualquer modo de ordenação e regulação que, como estes, estejam baseados na submissão a relações hierárquicas e adversas de poder, ou na reprodução do capital, está em franca contradição com a própria possibilidade de desenvolver um modo imediato do Estado capitalista e seu direito abrirem caminho a um processo de mudança revolucionária. Para isso, deve-se conceitualizar um processo de transição em que tais formas burguesas do fenômeno econômico-político e jurídico se extingam ante sua comunização crescente ao calor das manifestações e de um poder comunal em todos os âmbitos da vida, culminando no *não Estado* e no *não direito*. Trata-se da constituição de novas formas autodeterminadas de produção, governança, regulação social, justiça e, inclusive, de subjetividade como expressão de outro modo historicamente determinado de relação social cuja matriz seja o comum.

XVIII. Por *não direito* entendemos a norma social autodeterminada e eticamente fundamentada na cooperação e no bem comum. Trata-se da ordem normativa vivida para além da forma jurídica burguesa, já que nem toda normatividade se reduz a um direito centrado fundamentalmente na estruturação e reprodução das relações sociais capitalistas. A ideia de que toda norma está compreendida dentro do direito é parte da falsa consciência gerada pela ideologia jurídica, sobretudo o fetichismo do jurídico, cujo propósito é o controle e a colonização. Na realidade, o *não direito* constitui a forma ordenadora primordial dos processos sociais e comunitários de prescrição normativa, regulação social e de administração de justiça.

XIX. O movimento real da sociedade vai animando o transbordamento crescente do poder monopolizador do Estado e, inclusive, do mercado, sobre a produção normativa na sociedade contemporânea, particularmente em Nossa América. O espectro de um *comunismo normativo* vai abrindo passagem. Trata-se de um processo social constitutivo sob o qual proliferam crescentemente formas normativas e de justiça, alheias à forma jurídica burguesa, a partir de instâncias de autonomia e empoderamento democrático pelas comunidades e pelos movimentos sociais, dentre outros. É um modo de regulação bastante diferente cujo fim é a justiça, isto é, um ato ético. A ética nos oferece outra forma mais aberta e sólida de ordenação normativa. A soberania vai assim se ressignificando frente ao capital e às experiências de afirmação do comum como expressão do poder constituinte ou constitutivo dos de baixo. De seu seio emana, pois, uma nova subjetividade constituinte ou constitutiva cuja matriz está no comum e em uma democracia ampliada, isto é, participativa para a instituição do novo.

XX. A presente crise estrutural do capitalismo poderia se reduzir a uma mera crise de reestruturação dentro do sistema ou a um caos sistêmico crescente, ante a ausência de um agenciamento coletivo de uma transformação revolucionária. Deve-se advertir que a crítica reformista se moveu essencialmente no marco do novo modo de subjetividade neoliberal que o capitalismo fabricou. Esta fundamentalmente carece da consciência sobre a necessidade e a possibilidade de um horizonte transcapitalista para além do marco do Estado burguês de direito. Hoje, mais do que nunca, a justeza da crítica, incluindo a jurídica, se mede com relação a sua contribuição à prática transformadora da sociedade capitalista contemporânea. E, para isso, deve ser uma crítica das formas burguesas dos sistemas econômico-político e jurídico.

2
CRÍTICA À ECONOMIA POLÍTICA DO DIREITO

O direito não é mais do que o reconhecimento oficial do fato.
(Karl Marx, *A miséria da filosofia*)

Sob o neoliberalismo evidenciou-se novamente, com claridade meridiana, a centralidade da economia política para o direito. Desde os fins do século passado, foi-se desbancando empiricamente toda pretensão, ideologicamente sustentada, de separação entre a economia política e o direito, ou seja, de relativa autonomia ou independência do direito e do Estado frente à economia política.

Sob o Estado social ou benfeitor, desenvolvido logo após a Segunda Guerra Mundial com o propósito de contestar a influência crescente do socialismo no mundo a partir da Revolução Bolchevique de 1917, impulsionou-se a ilusão keynesiana de que o capitalismo poderia ser reformado para acolher uma lógica de bem-estar geral para além da lógica do enriquecimento privado. Em contraste com John Maynard Keynes, de quem era contemporâneo, o economista socialista polonês Michal Kalecki postulou que o sistema capitalista não é um regime "harmonioso", cujo objetivo é a satisfação das necessidades dos cidadãos, mas um sistema "antagônico" que consiste em assegurar os lucros dos capitalistas. Por isso, o capitalismo não pode garantir o crescimento prolongado, que lhe tem dado tombos de crise em crise. Nesse sentido, a crise é inerente ao sistema capitalista. Este é incapaz de administrar efetivamente os recursos tecnológicos e humanos, sobretudo a partir de sua fase monopolista e imperialista. Kalecki pressagia que as reformas promovidas pelo Estado serão eventualmente rechaçadas pela classe capitalista por entender que desse modo perde-se o controle disciplinante necessário sobre a classe trabalhadora.

O keynesianismo foi visto como um programa para a socialização da demanda, aliado a uma socialização relativa da produção e da troca, a cargo de uma esfera pública ampliada, o que lhe impôs uma função social limitada à propriedade privada. Dessa forma, Kalecki propôs que o "ciclo econômico político" centrado na intervenção regulatória da economia capitalista por parte do Estado social do pós-guerra devia culminar no aprofundamento, a favor dos trabalhadores, das tendências socializadoras da produção e da acumulação de riquezas, o que poderia servir para uma transição progressiva do capitalismo em direção às formas de organização econômico-sociais mais inclusivas e justas, ou seja, socialistas. Se não o fizesse, previu que a classe capitalista eventualmente reconstituiria seu poder para o restabelecimento do capitalismo em suas expressões mais selvagens como, por exemplo, as do século XIX. Isso demonstraria que, contrário à crença de Keynes, o capitalismo é um sistema irreformável e obsoleto que deve ser abandonado.[1] Se o tempo deu razão a Kalecki, prevaleceram as ilusões reformistas

---

1 Sobre o pensamento econômico de Michal Kalecki, cf.: "Political Aspects of Full Employment". *Political Quarterly,* 14, 1943; *Teoría de la Dinámica Económica: Ensayo sobre los Movimientos Cíclicos y a Largo Plazo de la Economía Capitalista.* Cidade do México: Fondo de Cultura Económica, 1956; *El Desarrollo de la Economía Socialista.* Cidade do México: Fondo de Cultura Económica, 1968; e *Estudios sobre la Teoría de los Ciclos Económicos.* Barcelona: Ariel, 1970.

predicadas por Keynes e seus acólitos, sobretudo entre a chamada socialdemocracia.

Nesse contexto, insistiu-se a autonomia relativa do direito frente à economia para, a partir deste poder, promover um regime de regulação e ordenação social mais inclusivo que conciliasse melhor os interesses dos capitalistas com aqueles que dependiam de seu trabalho para viver e progredir. Entretanto, a história demonstrou que tal autonomia conciliadora dos interesses de classe foi tão somente uma exceção que durou até a década de 1970. O que se caracterizou como a contrarrevolução neoliberal pôs fim às lógicas redistributivas e igualitárias no interior dos países capitalistas avançados e no plano internacional,[2] o que representou uma reativação dos conflitos sociais e das lutas de classes. Essa contrarrevolução representou a restituição daquelas cotas de poder arrancadas da classe capitalista e, novamente, o privilégio de seus interesses ante um Estado Social de Direito que estava sujeito a crescentes pressões para a estatização ou socialização das instituições burguesas da propriedade privada e do contrato, sem falar da ampliação dos direitos humanos das classes subalternas. Por exemplo, sob o Estado social alterou-se a situação de forças entre capital e trabalho, sobretudo a partir da aprovação de políticas públicas redistributivas e de crescente socialização, tanto do processo de produção como também do processo de troca, através do marco regulatório das relações laborais e comerciais. O uso e usufruto da propriedade privada viram-se condicionados à

---

2 Por exemplo, em 1974, foi celebrada a VI Sessão Especial da Assembleia Geral da ONU para tratar e aprovar um conjunto de demandas que os países em vias de desenvolvimento faziam aos países desenvolvidos ou centrais do sistema capitalista mundial. Por meio da adoção de uma série de novas normas regulatórias da economia internacional, aspirava-se mudar o que são os termos desiguais sob os quais se conduzem as relações econômicas entre ambos grupos de países, como parte de uma ordem econômica capitalista-colonial que perpetuou a dependência e a pobreza nos países em via de desenvolvimento. Em seu lugar aspirava-se criar uma nova Ordem Econômica Internacional baseada na igualdade soberana e na equidade nas trocas, o que incluía uma regulação mais estrita das atividades das corporações transnacionais nos países do chamado Terceiro Mundo.

satisfação de uma função social, o que representou uma crescente regulação governamental desta, inclusive em proteção da saúde pública e do meio ambiente.

A contraofensiva neoliberal se encarregou de promover a sujeição crescente do direito pela nova razão econômica, sobretudo a volta à sua lógica determinante: a autorregulação do capital e a subsunção da vida sob as tendências excludentes de sua *lex mercatoria* e da forma valor que a estrutura. A propriedade privada voltou a ser postulada como um direito absoluto do proprietário e o contrato voltou a basear-se em uma "liberdade" reduzida a estritas relações de adesão, ou seja, a um simulacro de autonomia da vontade atrás do qual existe a realidade das relações desiguais e não negociáveis de poder. Os direitos humanos que acreditavam estar permanentemente adquiridos, devido ao reconhecimento legislativo ou judicial dado aos fatos normativos impostos a partir das lutas sociais e políticas, pouco a pouco foram cercados de lógicas contábeis ou repressivas totalmente em favor desta nova ofensiva do capital. Isso incluiu a efetiva despossessão das classes subalternas sob lógicas selvagens de acumulação próprias da fase originária do capitalismo. Esta erigiu-se em uma de suas mais importantes fontes para garantir, no presente, a reprodução ampliada do sistema capitalista, com a assistência do novo regime financeiro internacional imposto em fins da década de 1990. Trata-se de mecanismos internos para reverter a redistribuição da riqueza ocorrida sob o Estado social e ainda sob o *socialismo real*, como se testemunhou neste último caso a partir de seu colapso em 1989.

Por isso é que hoje tal perspectiva de autonomia relativa é já insustentável, a menos que pretendamos seguir ignorando o matrimônio aberto entre capital e Estado ante a crescente desregulação das atividades do primeiro e da privatização dos fins e lógicas administrativas, assim como as agendas legislativas, do segundo. Marx já havia advertido: "Verdadeiramente, deve-se ignorar em absoluto a história para não saber que, em todas as épocas, os soberanos tiveram de se submeter às condições econômicas, sem poder lhes ditar nunca sua lei. Tanto a legislação política como a civil não fazem mais do que expressar e protocolizar as exigências das relações econômicas".[3] A ofensiva do capital, sobretudo nos últimos tempos, nos obriga a revisar radicalmente nossa relação com a questão do Estado e do direito ante a centralidade que demonstra ter a economia política como fonte material da regulação, como também da integração ou controle social, incluindo a subjetivação.

Pois bem, de igual maneira volta-se a demonstrar que os fatos normativos impulsionados pelo mercado capitalista são cada vez mais insuficientes, para não dizer inadequados, para sustentar a requerida legitimidade que facilite a coesão sistêmica do capitalismo sem que lhe brotem cada vez mais fissuras. Além destas, brotam também contradições antagônicas insolúveis, expressas nessa ordem civil diversa de resistências e batalhas que são hoje as lutas de classes e grupos, incluindo povos, comunidades e movimentos, em suas cada vez mais desorganizadas realidades ante a proletarização e despossessão ampliada de nossas sociedades. Estas lutas transcendem seus parâmetros clássicos ante a crescente interconectividade que, decisivamente, caracteriza suas múltiplas manifestações, incluindo as biopolíticas e biojurídicas, as econômicas e sociais, as nacionais, culturais, ambientais ou ecológicas, as raciais e étnicas, as relativas à sexualidade ou ao gênero, dentre outras. A condição de classe na atualidade, sobretudo daqueles que vivem de seu trabalho, tem que ser vista a partir desta perspectiva estratégica, de caráter multidimensional e multissetorial, sobretudo na medida em que atualmente o processo social de produção capitalista já não se remete estritamente a uma oficina concreta de trabalho, por exemplo, à fábrica, mas que se estende à sociedade inteira como uma oficina ampliada de produção social. E, em seu seio, as lutas

---

3   MARX, Karl. *Miseria de la Filosofia*. Cidade do México: Siglo XXI, 1987, p. 45.

contestatárias se tornaram, sem dissimulação, o principal motor de produção normativa e de ordenação social. As instituições do Estado burguês e os princípios de representatividade e igualdade em que pretendiam justificar seu monopólio sobre os processos autoritários de prescrição normativa transbordaram por fatos normativos de força protagonizados pelas vítimas de sua crescente incapacidade em prover, de maneira efetiva, o bem-estar geral.

Nesse sentido, parafraseando Marx em sua *Segunda Tese sobre Feuerbach*, não se deve continuar girando a roda gigante: a questão acerca do que é verdadeiramente o fenômeno jurídico não é realmente um assunto teórico, ou seja, estritamente voltado às normas positivas estadocêntricas, mas, no fundo, trata-se de um assunto prático. É no âmbito da facticidade em que se enuncia realmente o que é o direito. Se o direito é compreendido a partir de si mesmo ou a partir da economia política, não é uma controvérsia que possa ser abstraída de sua realidade prática sem o perigo de cair, como advertia Marx, em puro escolasticismo.

Por exemplo, em uma série de cinco artigos publicados em 1842 no *Rheinische Zeitung* sobre uma controvérsia jurídica da época a respeito da apropriação pelos pobres da madeira dos bosques da Renânia, o jovem Marx expõe como, por meio do direito privado liberal, foi suplantando um "direito consuetudinário universal" durante o período de acumulação originária na Europa. Ao falar de um "direito consuetudinário universal" referia-se à normatividade social consuetudinária, representada não somente pelas normas consuetudinárias das elites privilegiadas, mas também por aquelas dos que não conhecem outra "lei" e possuem nessa normas – os seus próprios usos e costumes – o único bem patrimonial próprio. Assim, o direito positivo liberal constitui um reconhecimento unilateral e exclusivo dos usos e das normas consuetudinárias das elites privilegiadas, em particular a burguesia em ascensão, e das relações existentes de dominação. Para Marx, o direito moderno não é mais que a expressão dos costumes dos donos de propriedades e de seus interesses privados, que são codificados e garantidos juridicamente pelo Estado, deixando assim de serem considerados como meros costumes da mesma forma que os demais costumes existentes na sociedade. Dessa maneira, adverte Marx, produziu-se a invisibilização da normatividade consuetudinária dos pobres, incluindo sua positividade e racionalidade, ainda que seja dever desta ser o fundamento de qualquer direito que aspire ser reconhecido como universal. Em todo caso, são os costumes dos ricos aos quais se deveria negar a positivação e questionar sua racionalidade, e não os costumes dos despossuídos, que são a maioria da sociedade. Dessa forma, prevaleceu, enquanto direito, um cálculo econômico egoísta e individualista por cima do bem comum, marginalizando no processo um setor significativo da sociedade de qualquer possibilidade material de assegurar sua própria existência.[4]

O que é de interesse aqui é como a crítica de Marx neste caso reflete uma busca inicial por um fundamento normativo social ancorado no comum, independente do direito positivo burguês. Seu enfoque é particularmente relevante em relação ao atual reconhecimento da crescente força normativa que os usos e costumes comunitários foram assumindo na América Latina como exemplo de um modo alternativo de estruturação, regulação e subjetivação social. A negação da força vinculante desta normatividade social e comunal nos conduz em direção à predominância dessa exceção despótica estadocêntrica e mercadocêntrica sob a qual vivemos na atualidade. Portanto, é imperativo que recuperemos esta normatividade imanente que a sociedade perdeu e, particularmente, a comunidade.

---

4 MARX, Karl. "En Defensa de los Ladrones de Leña" (1842). *In*: MARX, Karl; BENSAID, Daniel. *Contra el Expolio de Nuestras Vidas*. Madri: Errata Naturae, 2015. Ver também LAVAL, Christian; DARDOT, Pierre. *Común, Ensayo sobre la Revolución en el Siglo XXI*. Barcelona: Gedisa, 2015, p. 366-414; e ROUX, Rhina. "Marx y la Cuestión del Despojo. Claves Teóricas para Iluminar un Cambio de Época". *Revista Herramienta*, 38, 2008 (Buenos Aires).

Marx logo propôs que o foco central de uma concepção radical do Estado e do direito fosse o ser humano concreto e sua realidade material. É este contexto material, com suas relações sociais e de poder concretas, que nos serve de base para potencializar qualquer possibilidade de mudança radical. Ele insiste que a única maneira de se sobrepor a qualquer tipo de opressão é superando toda forma de servidão em geral e, em particular, a propriedade privada burguesa. Ainda, compreendeu que sua crítica total da sociedade capitalista não podia reduzir-se à economia; não obstante, Marx entendeu que sua crítica da economia política, seus conceitos e categorias, também serviam para revelar a realidade por detrás da política e do direito.[5]

No contexto de suas investigações e escritos principais sobre a economia política do capital, Marx expressou seu convencimento de que apenas por meio de nossa valoração crítica das contradições que são produzidas na base econômica da sociedade é que podemos apreender a natureza e as mudanças constantes que concretamente se experimentam sob as formas da política e do direito, incluindo suas possibilidades e limitações históricas. Por isso, insistiu que devíamos deixar de depender das ficções e aparências que estas pretendem apresentar, e entender finalmente que os conteúdos e as aplicações concretas da política e do direito na sociedade capitalista são o resultado das relações de poder e das lutas que lhes servem de motor. Além disso, a normatividade não pode estar fundada em uma ideia, mas na própria realidade: "O direito não é mais que o reconhecimento oficial do fato".[6] Marx propõe um *materialismo normativo do real* que necessariamente constitui uma superação permanente da forma jurídica burguesa enquanto parte integral da superação histórica do sistema capitalista.

---

5 HOLLOWAY, John; PICCIOTTO, Sol (ed.). *State and Capital*. Londres: Edward Arnold, 1978, p. 17-18; BONNET, Alberto; HOLLOWAY, John; TISCHLER, Sérgio. *Marxismo Abierto: una Vision Europea y Latinoamericana*. Caracas: Monte Avila, vol. I, 2006, p. 46.
6 MARX, Karl. *Miseria de la Filosofía*. Cidade do México: Siglo XXI, 1987, p. 48.

O que entendemos por economia política?

Por detrás do direito sempre esteve a economia política como matriz normativa. Ambas, economia política e direito, estão imbricadas: o Estado e o direito são as formas jurídico-políticas do capital. Estado e direito não existem fora do capital que os constitui como relação e processo social para que os estruturem e os suportem. Isso não quer dizer que possuem uma história própria – pois certamente não são um reflexo automático e absoluto do fenômeno econômico como ocorre sob o reducionismo economicista de que alguns fazem uso em completo desconhecimento da totalidade sistêmica. Isso inclui o desprezo pela especificidade histórico-social das excisões constitutivas do Estado e do direito e suas complexidades resultantes. Por isso a importância que a perspectiva marxista outorga à investigação e análise crítica da realidade concreta, empiricamente constatável.

Pois bem, que entendemos por economia política? O conceito de "economia política" não se reduz ao de economia *stricto sensu*, contrário ao entendimento reducionista e ideologicamente motivado que tende a prevalecer hoje com o propósito de o abstrair de suas determinações sociais e políticas, particularmente classistas, e inclusive éticas. O resultado é uma falsa consciência em torno da economia ao pretender ocultar a totalidade contraditória e historicamente determinada da que forma parte. Por isso é necessário afirmar que o conceito ocidental de "economia" surge originalmente na Grécia Antiga, onde significava inicialmente "a arte da administração da casa", o que incluía a satisfação devida das necessidades de todos os seus membros. Na medida em que foi evoluindo a organização social, passou-se da casa para a *politeia*, ou seja, a comunidade política estabelecida na *polis*. É dessa maneira que a administração da casa aparece na política como a atividade de governança da comunidade dedicada a procurar a *boa vida* para todos.

O primeiro que utilizou a expressão "economia política" foi Antoine de Montchrestien em seu *Tratado da Economia Política* (1615). Neste tratado, expressão da burguesia nascente, propôs-se a tese de que a política não é uma atividade independente do resto da vida social, incluindo a economia. Não obstante, o autor pensava que a economia devia ser a razão determinante da sociedade e da política. Por outro lado, para Adam Smith, pai da economia política moderna, o objetivo central é entender o marco social dos eventos econômicos, já que estes não se dão no vazio nem respondem a uma natureza espontânea, independente e imanente. Nesse sentido, a esfera econômica não está sujeita a suas próprias leis, mas é determinada por fatores humanos e sociais, devendo estar majoritariamente preocupada com o bom governo e a boa legislação em função do progresso do povo como um todo.

Por sua parte, o filósofo contrailustrado Jean-Jacques Rousseau sustenta em seu *Discurso sobre Economia Política* que esta é essencialmente um fenômeno social de natureza ético-normativa. Tanto o governo como a economia política existem em função de produzir a justiça e garantir o bem-estar geral e não a mera produção e reprodução de riquezas ou sua acumulação por interesses particulares. Por tal razão, o filósofo genebrino define a *economia política* como o exercício eticamente sensitivo do poder civil por parte do povo soberano, para governar em função do bem comum.

Para Karl Marx, a economia política trata das relações sociais e de poder entre classes que se estabelecem nos processos sociais de produção e troca. Também se refere à distribuição da riqueza criada e ao consumo dos bens para satisfação das necessidades humanas, com o propósito de prover o bem-estar comum. Assim, a economia política estuda as relações reais da produção social burguesa e não a aparência destas. Seu ponto de partida é uma situação de fato, empiricamente constatável, produto de relações sociais e de poder historicamente determinadas. E essa situação de fato é uma totalidade sistêmica com pretensões colonizadoras a partir das quais o capital, por meio do mercado capitalista, busca subsumir sob seu poder, formal ou real, a vida coletiva e individual em todos os seus âmbitos, assim como a natureza. Por isso, a economia política não se limita estritamente ao estudo da economia, ela parte de uma perspectiva que transcende o parcelamento das disciplinas do conhecimento sobre a realidade, incluindo também, por exemplo, a história, a sociologia, a política, a ética e o direito. Inclusive, poderia-se dizer que, por exemplo, a ética, a política e o direito são intrínsecos ao campo econômico, ou seja, o constituem e estruturam na prática através de suas lógicas, processos e instituições. Ademais, prescrevem seu conteúdo normativo, incluindo o direito, tanto o enunciado formalmente, como o praticado concretamente.

Marx rechaça a lógica da separação entre a economia e o direito, tão essencial para a reprodução ampliada do capital, isto é, para a separação – na qual prevalece a desigualdade real – entre o ser humano como força de trabalho e o ser humano como sujeito de direitos, usando este último indivíduo para fetichizar essa relação social desigual, apresentando-o como âmbito de certa igualdade abstrata e formal. A existência autônoma do Estado é apenas uma ilusão, nos diz Marx. Por isso, a crítica da economia política é, por sua vez, uma crítica da forma que assumem o Estado e o direito sob o capitalismo. Estes são, antes, as formas ordenadoras das relações na sociedade capitalista,[7] as quais têm sua matriz normativa, ou seja, seu fundamento explicativo último, na forma valor e em suas expressões materiais, sobretudo nas instituições da propriedade privada e do contrato.[8] O comunismo, o comum ou

---

7   Ver, a respeito, BONNET, Alberto; HOLLOWAY, John; TISCHLER, Sérgio. *Marxismo Abierto*. Caracas: Monte Avila, 2006, vol. I, p. 39-64.
8   Ver, por exemplo, Oscar Correas, que sustenta que as normas jurídicas de uma sociedade como a capitalista, baseada na troca de mercadorias, tem seu fundamento explicativo na lei do valor. CORREAS, Oscar. *Introducción a la Crítica del Derecho Moderno (Esbozo)*. Cidade do México: Fontamara, 2000, p. 30.

a comunidade, constitui o fundamento ou a matriz normativa que historicamente animou as lutas antissistêmicas como possibilidade concreta de superar o capitalismo e sua lógica alienante e de valorização permanente do valor, junto ao princípio da acumulação sem fim e do vínculo material que gira em torno da exploração de alguns seres humanos por outros, com seu consequente resultado de desigualdade ilimitada. Inclusive, para Marx, é o comunismo, o comum ou o comunal, a forma primária ou a formação primordial que esteve sempre presente enquanto impulso normativo alternativo, em vias de ser afirmado na realidade de seu potencial histórico.[9]

A forma jurídica

O jurista bolchevique Evgeni Pachukanis seguiu os passos de Marx em sua perspectiva sobre a relação entre a economia política e o direito. Sua teoria crítica sobre o imperativo revolucionário de ir além da classista e coercitiva forma jurídica provou ser uma contribuição significativa. Para ele, a forma jurídica essencialmente legaliza e legitima, através de toda uma série de mecanismos coercitivos, a forma mercadoria enquanto seu fundamento normativo, incluído o modo de valorização das mercadorias no processo de troca feito através do mercado. Isso tem efeitos constitutivos de uma subjetividade subordinada, expressão direta de relações sociais historicamente concretas, mais especificamente como relações entre sujeitos envolvidos na produção e troca de mercadorias, incluindo a força de trabalho, sob o sistema capitalista.

As normas e regras são derivadas de relações e práticas sociais específicas. Como assinalou corretamente Pachukanis: na realidade material, uma relação social específica e seus efeitos fáticos sempre irão se impor para determinar o conteúdo substantivo e a aplicação prática de uma norma abstrata como, por

---

9 GARCÍA LINERA, Álvaro. *Forma Valor y Forma Comunidad*. La Paz: CLACSO/Muela del Diablo/Comuna, 2009, p. 251-261.

exemplo, no caso da igualdade perante a lei. Nesse sentido, ele compartilhava com Marx a ideia de que "entre direitos iguais, decide a força". A lógica por detrás da forma mercadoria é essencialmente responsável pela estruturação da forma jurídica, concedendo-lhe função ordenadora e função mediadora em relação aos conflitos dentro da sociedade capitalista.

Pachukanis também advertiu sobre o fato inescapável de que as relações sociais próprias do processo de produção e troca de mercadorias, junto a seus fundamentos normativos sob as formas burguesas do Estado e do direito, são essencialmente a base tanto do liberalismo como do capitalismo em geral. É por isso que, por sua vez, a presença contínua destas construções burguesas durante o processo de transição entre o capitalismo e o comunismo transmitiria suas contradições principais. Isso seria fatal já que seus efeitos estruturantes e regulares impactariam a vida cotidiana em todos os níveis, ao passo que propiciariam a constituição de uma subjetividade alienada entre os membros da sociedade. A forma jurídica não pode se livrar do caráter hierárquico e adverso que impõe sua matriz normativa, a qual demanda um cumprimento e uma obediência estrita. Por tal razão, Pachukanis reafirmou a proposição marxiana sobre a necessidade histórica de extinção eventual da forma jurídica como modo dominante de regulação social e sua substituição por uma forma não jurídica baseada na autodeterminação do povo trabalhador, enquanto expressão da forma comunista como nova matriz normativa.[10]

Por outro lado, a crítica ontológica do direito realizada por George Lukács[11] reafirmou igualmente a proposição marxiana

---

10 PACHUKANIS, Evgeni. *Teoria Geral do Direito e Marxismo*. São Paulo: Boitempo, 2017. Sobre o pensamento jurídico de Pachukanis ver, por exemplo: NEGRI, Antonio. *La Forma-Estado*. Madri: Akal, 2003, p. 255-293; MASCARO, Alysson Leandro. *Filosofia do Direito*. São Paulo: Atlas, 2016, p. 472-484; e RIVERA-LUGO, Carlos. *¡Ni Una Vida Más al Derecho! Reflexiones Sobre la Crisis de la Forma-Jurídica*. Aguascalientes/San Luis Potosí: Centro de Estudios Jurídicos y Sociales Mispat y Programa de Maestría en Derechos Humanos de la Universidade Autónoma de San Luis Potosí, 2014, p. 164-170 (Dissertação de Mestrado).
11 Ver, por exemplo, SARTORI, Vitor Bartoletti. *Lukács e a Crítica Ontológica do Direito*. São Paulo: Cortez, 2010, p. 75-122.

sobre a primazia ontológica da economia, ainda que se distanciando de qualquer economicismo vulgar. Por ontologia, Lukács entende as categorias ou enunciados que expressam as formas do ser social dentro de uma historicidade concreta, como partes do complexo social total. Nesse contexto, o filósofo marxista húngaro reconhece as articulações entre o direito e a facticidade socioeconômica. Não obstante, se o direito não pode ser reduzido à economia, de igual maneira não pode se separar desta. O direito pressupõe sempre o processo econômico de produção, assim como a divisão social do trabalho e a luta de classes, e estes, por sua vez, não poderão se reproduzir sem a criação do direito que lhes sustente, relação esta atravessada de contradições e matizes. Assim, Lukács concebe a dialética entre o que Marx descreveu como infraestrutura e superestrutura.

"O direito é a forma específica de expressão e reprodução na consciência daquilo que realmente ocorre na vida econômica", nos disse Lukács. Aparece como "uma esfera da vida social na qual as consequências dos atos, a possibilidade de êxito, os riscos e as perdas são calculadas de modo análogo ao que acontece no mundo econômico". Daí vêm as tensões que se manifestam dentro da chamada autonomia do direito, sobretudo devido a sua relação indissociável com a economia política. Entretanto, na medida em que o direito não constitui, em si mesmo, um instrumento que produz por si próprio a solução efetiva de todo conflito social, ele depende de sua interiorização pelos membros da sociedade. Estes devem levar o direito por dentro. É por isso que a legalidade burguesa possui um caráter dual: por um lado, é uma reificação abstrata que necessita promover ao menos a esperança de homogeneidade e autonomia do direito e, por outro lado, é uma prescrição manipuladora ontologicamente dependente da realidade concreta e extrajurídica da economia política, prenhe de fissuras que, ao se desdobrarem, contrapõem o dito com o fato. Existe, por conseguinte, uma tensão entre a dimensão simbólica do direito, isto é, seus postulados formais e o que na realidade constitui sua manifestação material e prática. Apesar da necessidade de aparecer como um sistema jurídico unitário e autônomo, fundado no princípio da igualdade, impõe-se uma condição ontológica e prática que em essência o impossibilita de fazê-lo, dado o antagonismo iniludível entre os interesses de classe que se pretendem conciliar ou controlar, e a desigualdade real que termina por imperar na sociedade capitalista.

Por sua parte, o filósofo argentino-mexicano, Enrique Dussel, propõe a superação desse marco conceitual dicotômico entre infraestrutura e superestrutura. Ele explica que a economia política sempre esteve imbuída de princípios normativos historicamente determinados, de caráter ético, que são, às vezes, qualificados como "leis" e servem para estruturar e regular sua operação. Assim ocorre, por exemplo, com o fundamento normativo da instituição da propriedade privada capitalista, que é reconhecida e garantida inclusive nas novas constituições da Venezuela, Bolívia e Equador, ainda que junto a outras formas de propriedade cooperativa ou social, incluindo a forma comunal. A partir desse reconhecimento da propriedade privada como um "direito inalienável e natural", se consegue legitimar, estruturar, garantir e reproduzir, por meio de sua força vinculante e coativa, o "direito" do capitalista à apropriação e uso indiscriminado de qualquer mais-valor produzido. Inclusive, se poderia dizer que, junto à instituição burguesa do contrato, aqui se encontra a validação normativa da exploração de um ser humano por outro. Enquanto instituições capitalistas, a propriedade e o contrato representam formas determinadas do ser social.

Nesse sentido, todos os aspectos da economia política capitalista estão imersos em uma relação normativa, que expressa uma relação social e de poder protegida sob o Estado de Direito burguês. Por essa razão, Dussel insiste que o direito é mais propriamente de caráter infraestrutural que superestrutural, assim como foi sustentado tradicionalmente por muitos marxistas. Sob o capitalismo, para além de qualquer especificidade que se possa caracterizar dentro de um contexto dado, deve-se entender que o direito serve primordialmente a uma função estruturante das relações sociais e de poder capitalistas. Estas se encontram sustentadas, em última instância, pelo monopólio que pretende o Estado exercer sobre o uso da violência, e não apenas por uma função prescritiva e reguladora supostamente baseada no consentimento do sujeito.[12] Por essa razão, enquanto forma, o direito é um ser essencial para a produção e reprodução de uma determinada formação social, neste caso, o capitalismo.

Um aporte importante que tende a coincidir com o de Pachukanis é encontrado no que se conhece como o debate marxista em torno da derivação da forma Estado e da forma jurídica do caráter específico das relações sociais capitalistas de produção, troca e acumulação.[13] Por exemplo, Wolfgang Müller e Christel Neusüß[14] rechaçam a ilusão da mudança através do Estado social ou de bem-estar, e insistem que o Estado e o direito são muito mais que meros instrumentos de dominação. São, respectivamente, as formas políticas e normativas que assumem o modo capitalista de produção e acumulação. Por sua parte, Bernhard Blanke, Ulrich Jürgens e Hans Kastendiek[15] complementam que, sob o capitalismo, o direito adquire certo conteúdo que surge da relação mercantil e de sua lei do valor. Como

---

12   DUSSEL, Enrique. *Dieciséis Tesis de Economía Política*. Cidade do México: Siglo XXI, 2014, p. 61-62.
13   HOLLOWAY, John; PICCIOTTO, Sol. *State and Capital: a Marxist Debate*. Londres: Edward Arnold, 1978.
14   MÜLLER, Wolfgang; NEUSÜß, Christel. "The 'Welfare State Illusion' and the Contradiction between Wage Labour and Capital". *In:* HOLLOWAY, John; PICCIOTTO, Sol. *State and Capital: a Marxist Debate*. Londres: Edward Arnold, 1978, p. 32-39.
15   BLANKE, Bernhard; JÜRGENS, Ulrich; KASTENDIEK, Hans. "On the Current Marxist Discussion on the Analysis of Form and Function of the Bourgeois State". *In:* HOLLOWAY, John; PICCIOTTO, Sol. *State and Capital: a Marxist Debate*. Londres: Edward Arnold, 1978, p. 108-147, especialmente as páginas 129-131.

tal, ele também serve à função de prover uma força coercitiva que garanta a coesão social e o controle que são necessários para sua contínua reprodução.

Existe uma tendência no entendimento geral, entre aqueles que interviram antes no mencionado debate, de que referida autonomia do direito frente à economia ou à chamada sociedade civil constitui uma ilusão ideológica por trás da qual pretende-se encobrir suas heterodeterminações reais. A intervenção do Estado através de suas decisões políticas e prescrições jurídicas aparece como algo imanente que compulsivamente privilegia a valorização do capital. Segundo Camilo Onoda Caldas, as proposições teóricas que derivam o direito da economia política capitalista e de suas relações socioeconômicas inerentes "rechaçam a ideia de que o direito, assim como o Estado, são simples instrumentos neutros – que podem ser usados para qualquer propósito – manipulados livremente pelas decisões políticas daqueles que ocupam certas posições dentro do aparato estatal". Isto quer dizer que meras mudanças ou reformas "não resultam na desestruturação do modo capitalista de produção e de suas consequências comuns, incluindo as esferas política e jurídica".[16]

Sobre este tema, John Holloway e Sol Picciotto afirmam que a questão é articular uma teoria materialista do Estado que supere a dicotomia conceitual entre infraestrutura e superestrutura, que tanto "a economia como a política são formas de relações sociais; formas assumidas pela relação básica do conflito de classe na sociedade capitalista, o capital como relação; formas cuja existência separada surge, tanto lógica como historicamente, da natureza dessa relação". E concluem que estas formas "devem ser entendidas em termos de desenvolvimento do capital como relação, isto é, da

---

16 CALDAS, Camilo Onoda. *A Teoria da Derivação do Estado e do Direito*. São Paulo: Outras Expressões/Dobra, 2015, p. 255-256.

exploração capitalista dentro da produção capitalista".[17] Por tal motivo, o capital não se reduz a uma categoria meramente econômica, mas é também uma categoria social, política e, evidentemente, jurídica. Em um trabalho mais recente, Holloway trata sobre o tema: "O debate sobre a derivação do Estado surge de uma leitura muito distinta d'*O Capital*, ou seja, como crítica da economia política, e de um entendimento do capital não como fenômeno econômico, mas como o conjunto das relações de dominação nesta sociedade. Derivar o Estado do capital, então, não é derivar a política da economia, mas derivar a particularização da política e da economia da estrutura básica das relações de dominação".[18]

Quanto à relação entre a economia política e o direito, o economista mexicano Jorge Veraza sublinha que, em sua regulação do processo de troca de mercadorias, o direito também regula e garante as condições para a compra e venda da força de trabalho, junto com a produção e apropriação privada de mais-valor que caracteriza a exploração dos trabalhadores pela classe capitalista. Aponta que as reformas, sob o Estado de Direito existente, que têm o propósito de impor limites ao poder do capital ou de ampliar o marco de direitos reconhecidos, incluindo seu alcance e conteúdo, são essencialmente o resultado da luta de classes.[19] Enfim, o Estado de Direito não pode ser divorciado da concreta economia política, das relações sociais e relações de poder que se codificam em suas prescrições e relações jurídicas.

---

17 HOLLOWAY, John; PICCIOTTO, Sol. "Introduction: Towards a Materialist Theory of the State". *State and Capital: a Marxist Debate*. Londres: Edward Arnold, 1978, p. 14.
18 *Id*. "El Debate sobre la Derivación del Estado. Una Reflexión Reminiscente". *In*: BONNET, Albert; PIVA, Adrián (ed.). *Estado y Capital. El Debate Alemán sobre la Derivación del Estado*. Buenos Aires: Herramienta, 2017, p. 41.
19 VERAZA, Jorge. "Claves Argumentales para la Crítica del Derecho en *El Capital*: Crítica de la Economía Política". *In: XI Conferencia Latinoamericana de Crítica Jurídica*. Facultad de Economía, UNAM, México, 2015.

Uma economia política da força

Existe outra compreensão da economia política que é altamente pertinente para o presente trabalho. Trata-se da perspectiva de Michel Foucault sob a qual a economia política é o exercício do poder ou da força na sociedade contemporânea, o que viria a se somar a uma nova dimensão do que até agora foi o entendimento clássico sobre esta, ainda que sob certas vertentes economicistas do marxismo. Se o capitalismo, por um lado, subsumiu toda a sociedade como oficina ampliada de produção, incluindo o controle disciplinante dos sujeitos, seus corpos e mentes, por outro lado, ele esteve acompanhado por mudanças em torno do fenômeno do poder mediante as quais este se reconfigurou assumindo uma forma complexa e difusa. Como tal, o capitalismo está constituído por uma constelação de relações de força, com graus distintos e desiguais de autoridade, que se estendem através da totalidade das relações sociais que constituem nosso modo de vida. Trata-se de descobrir e analisar criticamente a especificidade dessa pluralidade de relações estratégicas que servem de contexto às relações sociais sob o capitalismo, sem a qual é impossível articular uma crítica política e jurídica avalizada pelos fatos.

Segundo Foucault, a economia política já se converteu abertamente em nova razão de Estado.[20] E, assim, deprecia o valor das ficções jurídicas ante o valor dos fatos econômicos. O mercado capitalista foi construído ancorado principalmente na produção da verdade, normatividade e poder, com o cálculo utilitário como ancoragem auxiliar. Como tal, procura estruturar e garantir a reprodução contínua e ampliada do processo de valorização e das relações de classe que são consubstanciais à economia política burguesa. Nessas circunstâncias, o poder apenas pode ser expresso como um controle

---
20 FOUCAULT, Michel. *Nacimiento de la Biopolítica*. Cidade do México: Fondo de Cultura Econômica, 2007, p. 30.

que se estende pela profundidade das consciências e corpos da população, e, ao mesmo tempo, através da totalidade das relações sociais.

Dessa maneira a burguesia se propôs a estender sua colonização da vida para além do processo social de produção e troca, para revestir as escolas e universidades, as clínicas e os hospitais, assim como os serviços de saúde em geral, os sistemas penitenciários e os serviços de segurança, incluindo os dedicados à guerra. A dominação burguesa não limita seus objetivos à força de trabalho e às relações de classe, em seu sentido clássico. Ela exerce seu controle a partir dos corpos e das mentes daqueles que explora. O mercado pretende, assim, apropriar-se do corpo humano como mercadoria de três maneiras: primeira, como força de trabalho, segunda, como subjetividade, e terceira, como vida biológica. Constatamos as últimas duas, por exemplo, na ofensiva privatizadora que se vivenciou nos últimos tempos em relação à educação e à saúde. Assim, para Foucault, o corpo é hoje parte de uma realidade biopolítica. Dessa forma, a economia política assume uma lógica de valorização e acumulação que já atravessa a vida em todos seus âmbitos.

O capital pretende governar a vida integralmente. A sobre-exploração é possível apenas por meio do estabelecimento desta "trama de poder microscópico, capital" que cobre a vida por completo, até chegar na alma do sujeito.[21] Nessa trama, economia e Estado fundem-se sob uma mesma razão que Foucault chama de "governamentalidade",[22] ou seja, o modo de governar. Para Foucault, a "governamentalidade" se refere a esse regime de poder que a partir do século XVIII teve como objetivo central a população, fundamentada em uma razão econômica política liberal e sustentada por dispositivos de segurança. É o campo

---

21 Id. *A Verdade e as Formas Jurídicas*. Rio de Janeiro: NAU, 2013, p. 138-139.
22 Ver FOUCAULT, Michel. *Seguridad, Territorio, Población*. Buenos Aires: Fondo de Cultura Económica, 2006, p. 136-137, 448-451.

estratégico das relações de poder caracterizado pela implantação de uma série de técnicas de segregação, disciplina e controle, através da qual o Estado se projeta onipresentemente.

Nestes tempos, outros preferem falar de "governança", enquanto nova expressão de uma economia política da força.[23] O conceito de "governança" erigiu-se na contraparte econômico-política da ideia de "governabilidade", em que o Estado deve deixar todo o caminho livre ao mercado através da desregulamentação, da liberalização, da privatização, do ajuste macroeconômico e da primazia do setor externo, se encarregando tão somente, da mesma forma que no caso da governabilidade, de garantir a propriedade privada e a estabilidade do desenvolvimento da acumulação capitalista, em seu mais recente modelo de acumulação por despossessão. A proposição neoliberal de governança pretende substituir a ideia de governabilidade para acomodar as formas não governamentais e elitistas ou classistas de gestão da política, inclusive para além do chamado Estado-nação. A forma corporativa lhe serve de modelo organizacional, incluindo seu cálculo econômico. A soberania do mercado se sobrepõe a qualquer ideia de soberania nacional ou popular. Quanto às estruturas de poder em escala mundial, a governança neoliberal buscou articular uma espécie de alternativa ao sistema de Estados, sem que isso suponha de forma verdadeira ou necessária um governo mundial. Planejou-se transferir os trabalhos de governança global a organismos internacionais financeiros ou comerciais (FMI, BM, OMC) ou executá-los a partir dos ministérios não eleitos de economia, finanças ou comércio, por meio dos quais exerceriam sua hegemonia sobre os Estados das principais potências econômicas.

---

23 Sobre o tema, ver o interessante trabalho de Juan Carlos Monedero, "La Trampa de la Gobernanza", *Revista Foro*, 28, 2003. Ver também SANTOS, Boaventura de Sousa. "Governance: Between Myth and Reality". *Revista Crítica de Ciências Sociais*, 2009, em que o autor apresenta a "governança" como a nova matriz regulatória do neoliberalismo.

Até certo ponto, tanto com o conceito de "governamentalidade" como com o de "governança" estamos observando um retorno à compreensão rousseauniana da economia política mencionada anteriormente, ou seja, uma economia política que não está reduzida aos processos sociais de produção de riqueza, mas que está centrada no exercício do poder civil para governar a sociedade. Igualmente a Rousseau, Foucault denuncia o cálculo utilitário próprio do liberalismo e da subjetividade alienante que se constitui sob este.[24] Entretanto, na forma de pensar e aprofundar-se sobre o fenômeno do poder no marco da economia política, Foucault faz uma contribuição paradigmática em direção à compreensão da especificidade histórica da constelação de relações de poder ou de força, incluindo a produção social de saberes e de normas, para além do Estado e do direito. O que o interessa é trazer à superfície a importância estratégica das lutas reais e o decisivo da situação de forças ao seu interior, para além do formalismo enganoso das práticas governamentais e da lei estadocêntrica. Igualmente a Marx,[25] lhe interessa explorar o processo de produção social em sua generalidade sistêmica e em sua especificidade conjuntural. Não se preocupa somente com o sujeito alienado, mas concentra-se no sujeito autodeterminado que investe na transformação de sua situação alienante. Dessa maneira, o filósofo francês revisita o tema do sujeito e nos oferece uma visão que o restitui ao domínio histórico das práticas e processos nos quais nunca deixou de estar implicado, uma vez que ele não é um produto passivo dos instrumentos de dominação. De forma especial, é necessário livrar-se das ilusões e dos controles do sujeito jurídico, estruturado para obedecer ao Estado. Por isso é preciso livrar-se também do Estado.

---

24 Sobre a crítica de Rousseau ao liberalismo e à mundialização do chamado livre comércio, ver, por exemplo: ROUSSEAU, Jean-Jacques. *Discurso Sobre a Economía Política*. Rio de Janeiro: Vozes, 2017; assim como: FRIDÉN, B. *Rousseau's Economic Philosophy, Beyond the Market of Innocents*. Dordrecht, Holanda: Kluwer Academic, 1998.

25 Ver, por exemplo, as obras de Marx: *Luta de Clases em França* e *O 18 Brumario de Luis Bonaparte*.

Deve-se sublinhar que Foucault retoma, consciente ou inconscientemente, o desafio lançado por Pachukanis de enquadrar as lutas emancipatórias reais fora do marco jurídico estadocêntrico para sustentá-las dentro de um marco estratégico a partir do qual se gera uma produção normativa autônoma e não disciplinante, alheia às lógicas capitalistas e à forma jurídica. Esta tentativa do próprio capitalismo de colocar tudo sob a forma mercadoria pôs em crise todas as instituições que garantiam até agora a disciplina social, além de mergulhar a vida individual em uma grande precariedade e indeterminação, sujeita aos caprichos do capital. Marx já havia advertido: a lógica do capital haveria de fazer com que tudo o que fosse sólido se desmanchasse no ar, incluindo progressivamente sua própria existência material. Ante tais fatos, quanto maior for o grau de subsunção e sobre-exploração, incluindo as contestações a estas por parte de suas vítimas, maior será então o imperativo repressivo do capital de ancorar seu ideal totalitário de dominação na constituição de um novo sujeito reduzido à vida *nua*, precarizada e criminalizada, real ou virtualmente. Não há sobre-exploração sem sobrerrepressão.[26] Assim, pretende o capitalismo refazer o modo de sujeição a seus mandos e fabricar uma nova subjetividade aquiescente a partir do interior de cada um.

Outra importante contribuição nesse sentido é a de Antonio Negri, que defende a condição atual do Estado de Direito como um processo de fragmentação, um "excesso constituinte" que é "constitutivo de um tecido biopolítico", isto é, "de poderes que operam transversalmente para determinar (por meio de relações de força, relações epistêmicas, atos voluntários, técnicos e produtivos) contextos comportamentais e normativos".[27] Aqui novamente estamos fora das categorias habituais do discurso jurídico moderno, inclusive do marxista. Por um lado,

---

26 MARCUSE, Herbert. *Eros y Civilización*. Barcelona: Seix Barral, 1968, p. 29, 48-50.
27 NEGRI, Antonio. "Philosophy of Law Against Sovereignty: New Excesses, Old Fragmentations". *Law Critique*, 19 (3), 2008, p. 338.

fatos com força constitutiva revelam-se parte da ofensiva do capital em favor de uma real e total subsunção, ou seja, uma dominação total e, por outro lado, realizam atos de resistência e a afirmação de novas possibilidades históricas. Instâncias de autorregulação e autogovernança multiplicam-se devido à presença assimétrica de fluxos normativos incontinentes e proliferação de instâncias de autonomia e autodeterminação, que também resultam na produção de uma nova subjetividade. Aqui a governança se apresenta em sua excisão constitutiva essencial. Nos propõe outra possibilidade, alheia à que se promove pelo mercado capitalista: a potencialização da soberania popular a partir da perda do monopólio governamental sobre a política e o direito ou normatividade. As lutas em torno do comum foram transbordando o Estado como expressão da *potentia* do poder constituinte ou constitutivo dos de baixo. As tendências de inversão no exercício do poder a partir da própria base da sociedade vão cobrando, desta maneira, uma importância estratégica. Assim, evidencia-se como o capital e sua governança não constituem realidades monolíticas, mas realidades atravessadas por uma relação dialética entre a dominação e a luta contra esta.

Pois bem, para além de um "tecido biopolítico", poderíamos também nos referir à existência de um *tecido biojurídico* que opera como uma forma indireta e encoberta de dominação através da qual colonizam-se nossas mentes e corpos para que aceitemos como naturais e necessárias uma série de leis e normas, usos e costumes, sobretudo econômico-políticos, cujo propósito é estruturar a vida social, sobretudo as relações sociais e de poder, em conformidade com as lógicas capitalistas. Este *tecido biojurídico* é imposto e garantido com uma violência direta ou estrutural que é aceita como normal ou irremediável. Os controles opressivos do capital sobre nossas vidas dependem da internalização de suas prescrições normativas como naturais. Esta fenomenologia marxista dos corpos e mentes, como proposta por

Negri e seu companheiro Michael Hardt,[28] se opõe a qualquer reificação ideológica do Estado de Direito, incluindo sua ideia sobre o sujeito de direitos. Em seu lugar, nos convida a examinar a dinâmica das lutas e sua imanente força constitutiva para a criação de uma nova economia política. Isso inclui os fundamentos normativos cuja matriz se encontra em uma esfera do comum, para além das esferas do privado e do público que, como modos de organização social até hoje dominantes sob o capitalismo, historicamente, vão perdendo sua vigência.

A fragmentação do sujeito

O filósofo alemão Herbert Marcuse nos fala sobre como as instituições do Estado capitalista necessitam cada vez mais garantir a dominação mediante controles adicionais "sobre e por cima daqueles indispensáveis para a associação humana civilizada". Continua, a respeito: "Ao longo da história da civilização que conhecemos, o constrangimento instintivo, reforçado pela escassez, foi intensificado pelo constrangimento reforçado pela distribuição hierárquica da escassez e do trabalho; o interesse de dominação agrega repressão excedente à organização dos instintos sob o princípio da realidade".[29] Para além da compreensão que tem Sigmund Freud do princípio da realidade como expressão de uma estrutura instintiva do ser humano, o integrante da Escola de Frankfurt aponta a origem sócio-histórica e econômica de tal princípio. Ele existe no inconsciente de cada um na forma de requerimentos repressivos de tipo normativos que representam uma estruturação concreta da ordem civilizatória. Marcuse entende tal princípio como mediado permanentemente pela economia dentro de uma historicidade concreta, ou seja, a contínua luta pela existência entre a liberdade e a necessidade.

---

28 Ver, por exemplo, HARDT, Michael; NEGRI, Antonio. *Commonwealth*. Cambridge: Harvard University Press, 2009, p. 7.
29 MARCUSE, Herbert. *Eros y Civilización*. Barcelona: Seix Barral, 1968, p. 49-50.

Assinala que "sempre, desde a primeira restauração pré-histórica da dominação que segue à primeira rebelião, a repressão de fora foi sustentada pela repressão de dentro: o indivíduo sem liberdade introjeta seus dominadores e seus mandamentos dentro de seu próprio aparato mental. A luta contra a liberdade se reproduz a si mesma, na psique do homem, como na própria repressão do indivíduo reprimido, e, por sua vez, sua própria repressão sustenta seus dominadores e suas instituições. É esta dinâmica mental que Freud revela como a dinâmica da civilização".[30] Para Freud, fundador do discurso psicanalítico, essa luta é eterna.

Assim, nossa compreensão sobre a economia política não pode reduzir a sua dimensão estrutural às relações sociais de produção e troca, e às relações de poder e de força que a sustentam, mas necessariamente deve adentrar também na sua dimensão enquanto processo de produção de sujeitos e de constituição de subjetividade. Sem esta outra dimensão, nos espera somente o perigo do mais vulgar economicismo.

Marx não parte do indivíduo, mas das relações sociais. Claro que isso não significa que o ignore. O sujeito dominante do processo capitalista, pelo menos no caso europeu, é como tal o capital, e a subjetividade e o modo de sociabilidade que sob este se constituem, configuram-se a partir da forma valor. Esta serve para ordenar toda a vida social, sobretudo as relações de sujeição de alguns seres humanos por outros, relações estas que assumem a forma de relações entre coisas, pois todas as coisas estão inseridas na lógica de subsunção a essa outra forma conhecida como mercadoria. É que o processo de produção não produz apenas mercadorias, mas também produz uma relação social e de poder. Também produz o capitalista e o trabalhador assalariado como as

---

30 *Ibid.*, p. 29.

duas partes dessa relação, a primeira dominante e a segunda subalterna. Constitui ambos como sujeitos. Pode-se dizer, nesse sentido, que em Marx se encontram as bases para uma crítica das relações de dominação e alienação que se estabelecem sob o capital como constitutivas de um modo de sujeição e subjetivação das quais o Estado e o direito são expressão e, por sua vez, fontes materiais.

Entretanto, posteriormente, Marx identifica o desenvolvimento dessa outra subjetividade presente nas relações sociais capitalistas, produto das lutas contra a dominação e opressão pelas mãos do capital, na Europa. Trata-se de uma subjetividade cindida entre sua realidade externa, como força de trabalho submetida a uma relação adversa de poder, e sua realidade interna, dotada, pela alienação do produto de seu trabalho, de uma consciência fragmentada de sua realidade, incapacitada para possibilitar que o sujeito possa se significar como ser social e outorgar sentido às suas circunstâncias. A realidade se apresenta mediada por uma série de formas fetichizadas da mesma, criações ideológicas do grande imaginário social burguês.

Contudo, para Marx existe outra cisão constitutiva da subjetividade do ser humano: "Ali onde o Estado político alcançou seu verdadeiro desenvolvimento, o homem leva, não apenas em pensamento, na consciência, mas na *realidade*, na *vida*, uma dupla vida, celestial e terrena, a vida na *comunidade* política, na qual é considerado como *ser comunitário*, e a vida na *sociedade burguesa*, na qual atua como particular, considerando outros homens como meios, degradando a si mesmo como meio e se convertendo em brinquedo de poderes alheios".[31] Nega-se ao ser humano o que ele é em sua vida imediata: um "indivíduo real" que é, por sua vez, um *ser-em--comum*; enquanto que na sociedade burguesa é apenas mera aparência de seu verdadeiro ser: o indivíduo burguês que é um

---

31 MARX, Karl. "Sobre la Cuestión Judía". *Antología*. Buenos Aires: Siglo XXI, 2015, p. 67.

ser privado, egoísta e alienado, ou seja, o ser como mônada isolada, redobrado sobre si mesmo.

Marx busca superar esta condição de indivíduos isolados uns dos outros e, por sua vez, alienados de si mesmos a partir de sua valorização e subjetivação através de relações sociais de produção e troca em que habitam, o que inclui sua redução à mercadoria. Na rebelião da classe trabalhadora contra este modo burguês de sujeição e subjetivação, Marx identifica um segundo sujeito significativo. Trata-se do sujeito que assume um papel de "negação da negação", isto é, da negação revolucionária da alienação a que o capital pretende submeter o trabalhador e, assim, da afirmação da possibilidade de transcender progressivamente a forma valor, assim como o fetichismo da mercadoria, em direção a um mundo em que, por fim, os seres humanos possam se associar livremente sem relações de exploração e opressão de alguns sobre outros. O modo de sujeição e subjetivação tem, para Marx, duas possibilidades: a submissão à relação de poder que permite a outro expropriar o produto de seu trabalho ou a tomada de consciência para si de sua condição e da necessidade, assim como da possibilidade, da rebelião contra esta. Marx insiste que é preciso liberar o trabalho humano e a produção social, em geral, de sua limitada forma burguesa, assim como de qualquer outra forma, ainda que não capitalista, que não se incline ao livre desenvolvimento do ser humano. Marx identifica-se assim com a constituição de uma subjetividade ancorada não na acumulação de riquezas e de coisas, mas na realização plena do ser humano. O comunismo, sobretudo sua prática, tem, por isso, uma dimensão ontológica inegável.

A possibilidade histórica da rebelião está dada para Marx a partir da experiência da Comuna de Paris, que se propôs, fora da forma valor, à comunalização do trabalho, da propriedade e dos frutos da produção. A humanidade estará forçada a retornar continuamente a seus princípios até que os materialize.

Em particular, a Comuna de Paris foi responsável por derrubar a justificação ideológica da sujeição do trabalhador por alegadamente ser incapaz de governar a si mesmo e de decidir sobre o processo social de produção. Assim, também deu base para a constituição de um novo sujeito histórico definido a partir de uma nova capacidade subjetiva do trabalhador para tomar o controle de seu destino. Nesse sentido, o fundamento último da subjetividade é o movimento real da prática social e política mediante a qual o ser humano toma consciência para si de sua condição como sujeito histórico imbuído da possibilidade de ressignificar suas circunstâncias e libertar-se das formas de dominação que lhe oprimiram até o momento.

Pois bem, existe uma tendência a desconhecer o entendimento que Marx alcançou em seus últimos anos sobre a possibilidade histórica que também representavam as experiências de países ou sociedades não capitalistas cujos modos de produção em comum estavam enquadrados sob uma forma comunal alheia às formas burguesas de produção e organização social.[32] Para ele, não se trata de não existir a *potentia* histórica no interior destas experiências do comum, em seus variados contextos, para transitar por formas não capitalistas. Trata-se de definir como se derrota o inimigo para desenvolver dita *potentia*. Por isso, é preciso abordar o problema do poder que existe no fundo da questão, incluindo o problema de como se constituem os sujeitos históricos que protagonizarão essa potencialização, a partir de suas formações sociais

---

[32] A partir do fim da década de 1750, houve uma evolução significativa no pensamento de Marx. Ele inclinou-se decisivamente a uma compreensão muito mais multidisciplinar da história da humanidade, distanciando-se de toda grande narrativa histórica que pretendesse postular como universal a experiência histórica europeia, particularmente nos casos de países e sociedades não capitalistas e nas lutas que ocorriam no interior destas contra o poder colonial e seus representantes. A respeito, ver ANDERSON, Kevin B. *Marx at the Margins: on Nationalism, Etnicity, and Non-Western Societies*. Chicago: University of Chicago Press, 2010, em particular seus capítulos 5, 6 e as conclusões; KRADER, Lawrence (ed.). *Los Apuntes Etnológicos de Karl Marx*. Madri: Siglo XXI, 1988; MARX, Karl. *Escritos Sobre la Comunidad Ancestral*. La Paz: Fondo Editorial y Archivo Histórico de la Asamblea Legislativa Plurinacional, 2015; e GARCÍA LINERA, Álvaro. *La Potencia Plebeya*. Buenos Aires: CLACSO/Prometeo, 2008, p. 24-39.

e historicidades específicas, sejam capitalistas ou não capitalistas, assim como de suas lutas, das anticapitalistas até as anticoloniais. Trata-se de um sujeito coletivo muito mais plural e diferenciado que o conhecido sob a experiência europeia, ainda que submetido, em suas múltiplas encarnações, às mesmas lógicas e pressões de subsunção e dominação próprias do capital em diferentes graus de sua ânsia expansionista. Isso obriga a encarar suas circunstâncias estratégicas, incluindo as organizativas, para além do contexto local de sua existência concreta, o qual não deve ser idealizado. Trata-se de um sujeito coletivo cujas múltiplas expressões, com suas subjetividades diferenciadas, estão condenadas a articularem-se e complementarem-se para além de seus contextos e lutas particulares, para sobreviver aos ataques do capital e abrir caminho para novas possibilidades emancipadoras.

Ao final de sua vida, Marx articulava teoricamente uma nova dialética entre os conceitos de raça, etnicidade e classe, assim como entre os conceitos de capitalismo e colonialismo, nacionalismo e internacionalismo.[33] Para ele, as categorias expressam as "formas do ser, determinações da existência" desse sujeito que é o capital e sua sociedade burguesa, e elas devem ser problematizadas criticamente, em sua historicidade concreta. Desse modo, vemos como o "Um se divide em dois". A totalidade concreta é, por sua vez, uma multiplicidade constituída

---

33   Isso se reflete, por exemplo, na edição francesa (1872-75) do primeiro volume de *O Capital*, em torno da qual interveio pessoalmente para introduzir esta perspectiva multilinear do desenvolvimento histórico-social. Nesta, optou pela delimitação do processo de acumulação primitiva contida na Parte Oito, para circunscrevê-la na experiência europeia. Segundo Marx, o desenvolvimento histórico futuro das sociedades não europeias não estava determinado pelo desenvolvimento histórico europeu. Outros exemplos são suas observações no dito Primeiro Volume sobre os casos da Índia e Irlanda, assim como a experiência histórica da escravidão e do racismo nos Estados Unidos, criticando de passagem a falsa consciência de setores brancos da classe trabalhadora estadunidense em relação a estes temas. Além disso, Marx deixou uma quantidade importante de notas e apontamentos em torno de seus estudos e investigações durante este período em que, por exemplo, deixou de reconhecer alguma contribuição positiva do colonialismo, passando a expressar uma franca reprovação deste. Finalmente, se encontra sua correspondência sobre o tema da potencialização revolucionária e anticapitalista da comuna russa.

pelas determinações do particular e da diferença. "O concreto é o concreto por ser a síntese das múltiplas determinações, portanto, unidade do diverso", apontou.[34]

Lukács afirma que, se o conceito de totalidade concreta é central para a perspectiva dialética de Marx, isso requer a integração tanto dos aspectos objetivos como dos subjetivos para a compreensão desse todo. Com Marx, sublinha o filósofo húngaro, as categorias econômicas, sobretudo no que é relativo à produção e à reprodução da vida humana, assumem, a partir de uma perspectiva materialista, um caráter ontológico, como previamente apontamos. Como consequência de sua participação no processo de produção social, o ser humano é objeto de uma dupla transformação. Por um lado, mediante o trabalho transforma suas circunstâncias, incluindo sua própria existência como parte integral dessa produção. Não apenas atua sobre o que está dado, mas também desenvolve as possibilidades que existem em seu seio. Por outro lado, através do trabalho, é transformado em objeto, em mercadoria, como algo natural. É a contradição constitutiva da luta de classes. Assim, surge o problema da alienação com que se pretende bloquear o desenvolvimento do sujeito da história que, segundo o filósofo húngaro, é necessário para enterrar o capitalismo em todas as suas formas e manifestações.

Por tal razão, é imperativo superar os enfoques unidimensionais e reducionistas das relações sociais no capitalismo. É importante a consideração da subjetividade, bem como da objetividade ao determinar as condições sob as quais o capital produz a socialização, sujeição e subjetivação do ser humano. Se Marx tendeu a concentrar-se mais em aprofundar, por razões estratégicas, os aspectos objetivos mais do que os subjetivos de nossa compreensão sobre a sociedade capitalista, o que o moveu a isso foi a necessidade

---

34 MARX, Karl. *Elementos Fundamentales para la Crítica de la Economía Política (Grundrisse) 1857-1858*. Cidade do México: Siglo XXI, p. 21, 27, t. 1.

de forçar uma ruptura definitiva do mundo com o idealismo hegeliano e sua incapacidade para identificar a potência da história para além da ideia ou do "espírito". Em Hegel, o sujeito era reduzido a mero objeto do devir e não um sujeito encarnado e expressivo de formas de consciência e formas de organização cujas fontes materiais são uma constelação de relações sociais historicamente concretas. Entretanto, isso não significa que o tema do sujeito não possua uma importância e urgência para o pensamento marxiano e para o marxista, sobretudo ante os desafios teóricos lançados pelo movimento real das circunstâncias históricas e dos novos sujeitos que emergem como protagonistas.

Às vezes nos esquecemos que a produção teórica de Marx é uma totalidade aberta às múltiplas influências e fontes. Karl Kautsky e V. I. Lenin falavam que o marxismo possuía três fontes: a filosofia alemã, o socialismo francês e a economia política britânica. Entretanto, em anos posteriores outras fontes importantes foram notadas. Em primeiro lugar, está o pensamento de Baruch Spinoza, sobre o qual Marx deixou vários cadernos com notas sobre o *Tratado Teológico-Político* do filósofo holandês. Tais manuscritos foram publicados finalmente em 1976 na nova edição alemã das obras completas de Marx e Engels, mais conhecidas como MEGA.[35] Em segundo lugar, estão os estudos antes mencionados sobre os temas do colonialismo, o nacionalismo e a comuna que ocuparam a atenção de Marx durante os últimos dez anos de sua vida e que produziram uma revisão significativa de sua compreensão do devir histórico da humanidade, rompendo decididamente com certo eurocentrismo que o havia caracterizado.

Assim, se o próprio pensamento marxiano nunca foi um marco teórico fechado, mas esteve sempre aberto à múltiplas fontes e influências para ir aperfeiçoando sua própria crítica do

---

35 Ver NUNES, Rodrigo Guimarães; ALVARENGA, José Francisco Andrade. "Karl Heinrich Marx, Spinoza, Tratado Teológico-Político, dito 'Caderno Spinoza', Berlim, 1841". *O que nos faz pensar*, 26 (41), fev. 2018, [s.l.].

capitalismo e dos desafios práticos de sua transformação revolucionária, o marxismo não pode ser concebido como um pensamento incapaz de se atualizar e se aprofundar a partir do que ensina o mesmo movimento real da história, com seus triunfos e derrotas, seus fatos previsíveis e aleatórios. Isso inclui o estudo das fontes e influências teóricas, mesmo as não marxistas, que façam aportes fundamentais para o desenvolvimento permanente de uma teoria crítica da sociedade capitalista e das possibilidades práticas de sua superação em direção a uma sociedade sustentada pelo comum.

Em relação ao tema do sujeito revolucionário, é preciso reconhecer a singular contribuição de Ernesto Guevara de la Serna ao insistir que o desenvolvimento de uma nova sociedade requer como condição *sine qua non* a constituição de um novo sujeito: "Para construir o comunismo, simultaneamente com a base material, deve-se fazer o homem novo".[36] Para Che Guevara, só é possível, finalmente, transcender a miséria humana imposta pelo capitalismo encarando radicalmente o desafio de combater e superar a fragmentação e alienação das pessoas. A nova sociedade deve constituir um novo modo de sociabilidade em que os indivíduos se vinculem à base de valores ética e humanamente sensíveis. Devem estar encorajados não por valores de mudança e interesses privados, mas por "grandes sentimentos de amor". Devem ser capazes de sentir angústia e raiva ante a dor e o sofrimento do outro e, consequentemente, ser solidários com seus semelhantes até o ponto de comprometerem-se com a transformação revolucionária daquelas circunstâncias que impeçam sua plena liberdade e realização humana.

Guevara, que foi Ministro da Indústria durante um tempo no começo da Revolução Cubana, intermediando brilhantemente a partir de dita trincheira uma série de discussões

---

36 GUEVARA, Ernesto. *El Socialismo y el Hombre en Cuba*. Nova Iorque: Pathfinder, 1988, p. 57-58.

teórico-práticas sobre a transição do capitalismo ao socialismo e, mais além, ao comunismo, estava convencido de que um socialismo centrado na reprodução das leis capitalistas apenas levaria à privatização e alienação da consciência do sujeito, assim como sua progressiva queda como projeto histórico. Superar o capitalismo com seus próprios fetiches, partindo da economia até o direito, é uma empresa que está fadada ao fracasso. Em todo caso, a alavanca para um autêntico desenvolvimento de uma nova sociedade comunista devia ser buscada, em alternativa, no desenvolvimento, como condição vital, de uma nova consciência, desprivatizada e desalienada, eticamente comprometida com a construção de uma nova sociedade sem opressão de alguns seres humanos por outros. Apontou, a respeito: "O comunismo é um fenômeno da consciência, não se chega a ele mediante um salto no vazio, uma mudança da qualidade produtiva, ou o choque simples entre forças produtivas e relações de produção. O comunismo é um fenômeno da consciência e é preciso desenvolver essa consciência no homem, onde a educação individual e coletiva para o comunismo é uma parte consubstancial dele".[37]

Para Jacques Lacan, a grande contribuição do marxismo ao conhecimento científico é ter revelado "o latente como necessário, no começo da economia política".[38] O psicanalista francês – que exerceu certa influência em círculos marxistas, como é o caso, por exemplo, de Alain Badiou – elaborou uma teoria sob a qual a categoria de sujeito adquire uma centralidade, tanto a partir de seus condicionamentos estruturais do real, como a partir da capacidade do sujeito para significar a si e as suas circunstâncias.[39] Trata-se de um sujeito determinado por sua

---
37 GUEVARA, Ernesto. *Apuntes Críticos a la Economía Política*. Melbourne/Nova Iorque/Havana: Centro de Estudios Che Guevara/Ocean Sur, 2006, p. 14-15
38 LACAN, Jacques. "La Lógica del Fantasma". *Seminario 14*, Clase 15, 12 abr. 1967.
39 Para Lacan, a "essência" do ser humano está constituída por sua capacidade para apalavrar ou significar sua existência.

sujeição. Para Marx, "o latente" que necessitamos conhecer para entender a natureza da sujeição encontra-se na forma, particularmente na forma mercadoria. Enquanto isso, em Pachukanis, que, como assinalamos, centra sua visão no direito como uma das expressões da forma mercadoria, "o latente" neste caso encontra-se na forma jurídica, "envolta em brumas místicas", atrás das quais ocultam-se relações sociais concretas: a dos participantes na produção e na troca de mercadorias. Como tal, a forma jurídica estrutura e significa. Assim, igualmente à forma mercadoria, também a forma jurídica é constitutiva de subjetividade: a subjetividade jurídica, uma subjetividade castradora que busca nos ocultar a presença do real, em sua historicidade concreta, isto é, a raiz da sujeição.

Por sua parte, Lacan vê o "latente" na estrutura constitutiva do sujeito, ou seja, seu universo discursivo do simbólico-significante, onde o Um, o significante, se verá impedido de significar a si mesmo. E é que, dentro dessa estrutura, a alienação está sempre significada pelo Outro. Por exemplo, segundo Lacan, o discurso capitalista está destinado a falhar porque é insustentável devido aos efeitos que sua prepotência desencadeia. Por *discurso* Lacan se refere ao vínculo social, e, no caso do vínculo capitalista, trata-se da mais recente expressão do originário discurso do mestre, ou seja, do vínculo mestre-escravo.[40] Utilizando deste, o capitalismo ergue-se mundialmente como um sistema sem limites integrado por sujeitos igualmente sem limites que pretendem abarcá-lo a partir de sua lógica totalitária e segregadora. Seus excessos, sobretudo em relação ao culto cego ao progresso técnico, a ilusão de autorrealização a partir da acumulação de riqueza e objetos de consumo, assim como da repartição desigual da riqueza criada, geram uma série de situações ingovernáveis. Igualmente, as aspirações capitalistas de reconstruir a alma do

---

40 Sobre o conceito de "discurso capitalista" de Lacan ver, por exemplo, BRAUNSTEIN, Néstor A. *El Inconsciente, la Técnica y el Discurso Capitalista*. Cidade do México: Siglo XXI, 2011, p. 133-176.

ser humano enfrentam certos limites que, segundo Lacan, são substanciais do sujeito, resultado de sua constituição biológica e psíquica, para além de sua constituição histórica como ser social. Vêm daí as lutas permanentes do sujeito para pôr fim a toda relação mestre-escravo.

Pois bem, Lacan logo se referiu ao surgimento de um novo discurso, o dos mercados, baseado em uma nova organização social pós-capitalista que reconfigura a relação capital-trabalho para que o sujeito aceite renunciar à expectativa de progresso e sua miséria não impeça a submissão continuada. O mercado potencializa a lógica voraz de dominação própria do capital: nada é proibido desde que consiga se fazer eficaz, inclusive a transgressão do previamente estabelecido. Inserido no mercado, o processo de diferenciação, segregação e exclusão social se acentua. O novo modo de regulação encontra sua referência no campo de concentração, esse espaço biopolítico mais absoluto, em que o poder nu se confronta, sem mediação alguma, com a vida humana pura, com uma indeterminação sem limites quanto a seus direitos e que, por exemplo, no caso de Guantánamo, foi se normalizando a partir de sua eficácia. O campo de concentração surge assim como o espaço do mais absoluto vazio jurídico ou, melhor, como consumação extrema da subordinação da liberdade humana à nova razão de Estado provida pelo neoliberalismo. Trata-se de uma ordem para além do Pai, ou estamos ante a pretensão do mercado neoliberal em se erigir como novo Pai sob a ilusão de que, através dele, se é livre para ser, fazer e ter o que quiser? E tudo isso se dá em meio a uma ordem civilizatória em que a saída da ordem neoliberal parece, ao menos no momento, inominada.

O discurso dos mercados representa uma forma de relação social que constitui uma alienação maior. É uma espécie de *foraclusão do sujeito*,[41] como expressão, por um lado, do neoliberalismo

---

41 Uso aqui o conceito de *foraclusão do sujeito* não em um sentido estritamente lacaniano, isto é, em relação à psicose como resultado da confrontação com o impossível e a incapacidade do

e a totalitária postulação dos mercados e de seus fundamentos normativos como fenômeno natural que está para além da vontade humana e, inclusive, de seus desejos, sonhos e rebeldias e, por outro lado, da oportunidade perdida de transformação antissistêmica durante o século XX. Nesta se proclamou o objetivo de uma ruptura anticapitalista e a construção de uma nova ordem civilizatória cujo eixo esteve no comum e não no privado. Estamos, então, ante o sujeito de um tempo perdido, ou seja, aquele produto de um tempo que se esgotou ou deixou de se culminar com êxito em uma possibilidade histórica de transformação antissistêmica que daria um novo sentido à vida, eticamente sensível, para além da ordem civilizatória capitalista e colonial. Trata-se do sujeito que é incapaz de realizar sua *potentia*, isto é, sua promessa dentro de circunstâncias cujos sentidos se apresentam como infranqueáveis e impossíveis de mudar. Trata-se de um sujeito condenado a sofrer uma inércia dialética em que é forçado a perambular pela história ou, o que é pior, pelo nada de um tempo em que se diz que a história chegou ao fim. É o sujeito da vida nua despossuído da possibilidade de uma existência não alienada.

As duas caras da presente crise

Foi Marcuse quem insistiu que, se algo impediu a transformação radical antissistêmica que esteve na ordem do dia durante uma parte importante do século XX, foi o *deficit* na consciência que era necessária à realização das possibilidades de ruptura que havia em seu seio. As condições materiais para a realização de uma sociedade realmente livre estão dadas, sobretudo, pelo desenvolvimento ocorrido das forças

---

sujeito para significar a si mesmo e às suas circunstâncias ante a desintegração que experimenta do real. Ver o escrito "De una Cuestión Preliminar a Todo Tratamiento Posible de la Psicosis". *In:* LACAN, Jacques. *Escritos 2*. Buenos Aires: Siglo XXI, 2002, p. 509-527. Tampouco me limito a seu sentido jurídico – de onde Lacan toma inicialmente o conceito – como a prescrição de um direito não exercido dentro dos termos legais estabelecidos. E, se ambas acepções estão presentes como referências de sugestão, uso aqui o conceito em um sentido normativo e filosófico.

produtivas, o que possibilita "o salto da quantidade à qualidade de uma sociedade livre". Entretanto, faltaram as condições subjetivas, fato que forma parte das condições objetivas. Isso ocorreu, constata Marcuse, dado que o proletariado – o sujeito histórico que, segundo Marx, está destinado a enterrar o capitalismo – foi cooptado, pelo menos nos Estados Unidos e em países capitalistas altamente desenvolvidos da Europa, por uma série de necessidades sociais inscritas dentro das lógicas de produção e reprodução ampliada do sistema e, portanto, alheias a qualquer necessidade de rebelião contra o domínio atual do capital. Dessa maneira, o capitalismo conseguiu constituir uma falsa consciência, o que incluiu a ressignificação da liberdade, em função do mercado, e cooptou o proletariado destes países para que atuasse contra seus próprios interesses e possibilidades enquanto classe. Como consequência, a necessidade dessa liberdade diferente foi reprimida na sociedade capitalista avançada, adquirindo, de passagem, traços totalitários, já que se apresenta como uma totalidade sem fissuras antagônicas.

Ante a situação antes descrita, Marcuse lança um desafio teórico e prático: reconhecer a crise da compreensão ortodoxa do sujeito revolucionário para buscar a possibilidade dessa liberdade em outras partes. Não se deve esquecer que o sujeito revolucionário não é algo dado, mas uma construção histórica.[42] Marcuse rompe com algumas das compreensões prevalecentes sobre quem constitui um sujeito revolucionário, baseadas estritamente na experiência europeia. Para além desta, revisita o tema do sujeito buscando identificar os novos sujeitos impulsores da revolução social, sobretudo entre aqueles países localizados particularmente no chamado Terceiro Mundo que negaram "as duvidosas bendições do sistema capitalista", e cuja existência

---

42 "O tempo de Marx, o tempo de Freud, reside em que o sujeito não é dado, mas deve ser encontrado". BADIOU, Alain. *Teoría del Sujeto*. Buenos Aires: Prometeo, 2009, p. 300.

social gira em torno de "necessidades capazes de sustentar uma sociedade livre". Também tais necessidades, em particular aquela de uma liberdade real não mediada nem determinada pelo mercado, se acham entre os grupos, minorias e movimentos que se movem nos interstícios da sociedade capitalista contra suas lógicas de domínio.[43]

Por sujeito revolucionário, Marcuse entende: "essa classe ou grupo que se acha, em virtude de sua função e posição na sociedade, em necessidade vital e é capaz de arriscar o que tem e o que pode alcançar dentro do sistema estabelecido com o objetivo de substituir este sistema – uma mudança radical que por suposto implica a destruição, a abolição do sistema existente". Trata-se de uma classe ou grupo que empunhe "a necessidade vital de fazer a revolução". Trata-se de um sujeito revolucionário que assuma *para si* o papel de ser catalisador de um processo radicalmente transformador.[44] Trata-se de mudar a própria vontade para que se aparte das necessidades e lógicas que hoje servem para negar a nós mesmos e nossas possibilidades de uma liberdade diferente. Trata-se de construir, como sentenciou Che Guevara, o ser humano do século XXI.

Desde 2008, pelo menos, somos testemunhas de uma crise estrutural do sistema capitalista que alguns como, por exemplo, Giovanni Arrighi, sustentam que parece ser uma "crise terminal". Isso é explicado a partir do esgotamento de possibilidades para sua reacomodação ou reestruturação sob a presente fase de descenso do mais recente ciclo sistêmico de acumulação capitalista inaugurado em 1945, sob a hegemonia dos Estados Unidos, ao final da Segunda Guerra Mundial. Desde sua origem, o capitalismo experimentou uma série de ciclos sistêmicos de acumulação compostos de fases de ascensão e expansão, auge e estancamento e, finalmente, descenso e

---
43 MARCUSE, Herbert. *El Fin de la Utopía*. Cidade do México: Siglo XXI, 1969, p. 1-41.
44 *Id.* "Sujeto Revolucionario y Autogobierno". *Youkali*, 2: 184-185.

declive. Por essa perspectiva, Arrighi afirma que, no presente, sob o neoliberalismo, o capitalismo retornou essencialmente à lógica prévia de acumulação de fins do século XIX e início do século XX, que foi outra fase do ciclo sistêmico anterior altamente turbulenta e descendente. Tal fase descendente está baseada na ideia de que os objetivos do sistema apenas podem ser alcançados mediante a sobre-exploração e desposessão dos trabalhadores, assim como a violenta repressão de suas lutas de reivindicação.[45] Esta tentativa de suprimir à força a contradição social inerentemente antagônica entre capital e trabalho incrementou as assimetrias estruturais, a polarização social, os antagonismos e a desigualdade ao redor do planeta.

Assim, o capitalismo dá sinais de ter chegado, sob o presente ciclo sistêmico de acumulação, aos limites de sua capacidade para produzir e distribuir riquezas, a nível nacional e internacional, sem sobre-explorar, despossuir e empobrecer a imensa maioria, desbancando toda aspiração desta a um bem estar e progresso social. O sistema econômico não produz nem distribui suficientes bens e serviços ao conjunto da população sobretudo sob o modelo de acumulação e distribuição atual; nem seu regime político-administrativo consegue produzir as decisões e soluções racionais e moralmente sensíveis para os problemas concretos da população, apenas se dedicando a privilegiar aberta e escandalosamente os interesses do mercado e da classe capitalista. A isso teria de se somar a crescente precarização da vida cotidiana e do empobrecimento da qualidade de vida. Assim são as coisas, as tensões resultantes são antagônicas. É o que faz com que a presente crise seja "terminal", ainda que com dois possíveis desenlaces. No melhor dos casos, esta crise constitui uma oportunidade singular para potencializar uma mudança sistêmica a partir dos problemas estruturais e das tensões insuperáveis erguidas pelo

---

45 ARRIGHI, Giovanni. *The Long Twentieth Century*. Londres/Nova Iorque: Verso, 2010, p. 371-386.

processo de acumulação capitalista, sobretudo pela crescente e selvagem desigualdade social entre ricos e pobres.

No atual momento é evidente a contradição entre um processo de produção crescentemente social e comum em sua configuração, e a natureza privada e desigual da distribuição da riqueza criada. Chegou-se a uma determinada fase de desenvolvimento em que as relações sociais de produção existentes, em particular sob a instituição da propriedade privada burguesa e suas irradiações jurídicas, e o modo prevalecente de acumulação e distribuição de riquezas, se constituíram em obstáculos ao contínuo desenvolvimento das forças produtivas materiais da sociedade. A crise atual é o mais palpável índice de que as forças produtivas criadas pelo capitalismo ultrapassaram os marcos jurídicos e organizacionais das relações sociais de produção, acumulação e distribuição, razão pela qual estas últimas se converteram em um freio ou obstáculo para seu desenvolvimento ulterior.

Ante tal fato se propõe uma abertura para possibilitar o que potencialmente está contido em nossas circunstâncias: a substituição das relações sociais dominantes, a partir do rechaço à lógica do capital e à afirmação de uma lógica nova baseada nos impulsos e nas experiências do comum. Existe uma tensão dialética antagônica entre, por um lado, a crescente despossessão e empobrecimento dos trabalhadores, ditada pela lógica da rentabilidade e acumulação próprias do capital e, por outro, a aspiração destes em determinar livremente seu destino e garantir seu progresso contínuo, o que inclui a capacidade para decidir sobre as condições econômicas e políticas de sua existência, ditada pela lógica de cooperação, socialização ou comunização que é tão maldita ao capital.

Pois bem, no pior dos casos, a crise atual poderia culminar na mera reestruturação das relações sociais, ainda que a partir da lógica do capital. Entretanto, há quem proponha que isso poderia acabar em um solavanco ou caos sistêmico crescente, incluindo a presença permanente de conflitos, tanto sociais como internacionais. Este último cenário poderia resultar em um interregno, possivelmente de larga duração, isto é, um período de indeterminação e desordem como consequência da ausência de um agente coletivo de mudança estrutural em meio a um sistema preocupado com uma crise estrutural caracterizada por uma dialética inescapável de desigualdade, estancamento e endividamento.[46] À luz dessas informações, não seria exagerado propor que, por detrás das tendências contrarrevolucionárias, autocráticas, racistas e neofascistas que se presencia por todo o planeta nestes momentos como, por exemplo, nos Estados Unidos e na Europa, novamente estamos, em essência, ante as consequências de uma oportunidade perdida ou fracassada de transformação antissistêmica. Faltariam ainda as condições subjetivas que pudessem potencializar as fissuras que brotam no capitalismo, incluindo os espaços autônomos de produção de normatividade que vem de baixo, para além do mercado e do Estado.

Por isso, é necessário revisitar o tema do sujeito revolucionário, sobretudo ante a proletarização estendida da sociedade capitalista, tal e como já advertimos. Trata-se de uma sociedade com processos de valorização que já não partem somente do mercado, mas também da autovalorização do trabalho nas diversas sedes da produção social, incluindo essa esfera que hoje se conhece como o comum. Isso inclui, por exemplo, não apenas as fábricas industriais, mas também as comunidades e comunas, as empresas de trabalhadores, empresas e cooperativas agrícolas, e os lares. Inclusive, é preciso reconhecer que, em sua investigação para identificar o sujeito revolucionário, Marx não limita este ao proletariado em sua fração estritamente industrial, mas inclui também os povos coloniais, as comunas, entre outros. O lugar ocupado por esse sujeito na organização social do trabalho e

---

46 Ver, a respeito, STREEK, Wolfgang. *How Will Capitalism End*. Nova Iorque/Londres: Verso, 2016, p. 12-18.

no modo de acumulação capitalista em escala global é o de força de trabalho ou de fonte produtora de matérias primas. Inclusive, poderia-se dizer que, em essência, essa ideia marxiana sobre o proletariado como "classe universal" foi problematizada ante as complexidades demonstradas pelo movimento real da luta de classes na França a partir de 1848.

Ao examinar as lutas e insurreições do movimento popular na Europa de seu tempo, incluindo seus reveses e, particularmente, a partir de 1848, Marx identifica o proletariado como esse novo sujeito político que emerge para potencializar o processo de emancipação da humanidade. Entretanto, as próprias circunstâncias o obrigam a problematizar dialeticamente sua compreensão inicial desse novo sujeito histórico, como também a de sua classe oponente, a burguesia, já que vão revelando-se como sujeitos nada homogêneos, produtos de processos e eventos que não deixam de estar prenhes de contradições inesperadas e fatos muitas vezes aleatórios, os quais constituem a subjetividade. Inclusive, vê-se forçado a dar conta da sobrevivência relativa das antigas classes ou grupos de modos não capitalistas. Isso o levou, por exemplo, a incluir no Prólogo de 1882 à edição russa do *Manifesto Comunista* um reconhecimento sobre a potencialidade histórica da comunidade ou comuna rural russa como sujeito catalisador de uma revolução proletária no Ocidente. O universo proletário ficou assim ampliado para reconhecer a história material de outros povos e outras formas de organização da produção e da troca social para além das europeias.

As lutas reais de classes e grupos, povos e comunidades, raças e sexos refletem uma pluralidade de estados de consciência e entendimentos sobre a realidade material, marcadas pelo passado. Também revelam o fracionamento de ditas classes e dos atores políticos e sociais principais, em torno de interesses dessemelhantes, dos gerais e nacionais até os particulares e locais. O conflito social manifesta-se, assim, por meio de uma multiplicidade de formas.[47]

O processo atual de subsunção capitalista real e total enfrenta, dessa maneira, a *potentia* autônoma de ação desse sujeito como proletariado ampliado. Este tem, diante de si, o desafio de entender a interconexão de suas diferentes expressões ou setores para articular, a partir de uma justa valoração das particularidades e das diferenças, a imprescindível complementação que permita confrontar e derrotar a quem ameaça sua própria existência: a classe capitalista.

Nesse sentido, um dos maiores problemas qualificadores da teoria social e jurídica desde fins do século XX foi uma espécie de crítica reformista generalizada baseada na luta por uma democracia mais ampla dentro das formas burguesas de Estado e do direito. Esta vertente reformista do pensamento crítico percebe a crise presente do capitalismo, sob o neoliberalismo, como uma condição que pode ser superada por meio de reformas graduais de natureza regulatória, partindo da esperança de que ainda é possível o retorno ao Estado social ou benfeitor. A ideia de uma mudança revolucionária de caráter transcapitalista é descartada ou, o que é pior, nem mesmo considerada. Entretanto, o que se necessita é precisamente uma crítica estratégica mais profunda que foque nas contradições da presente economia política capitalista, incluindo as contestações e novas possibilidades de mudança que se forjam em seu interior.

A crítica reformista move-se no marco do novo modo de subjetividade que o neoliberalismo fabricou. Esse é o sujeito não apenas do mercado, mas também o do fim da história. Trata-se do sujeito-objeto da colonização total de seu corpo e alma sob o cálculo econômico capitalista, ante o qual apenas é possível buscar acomodar razoavelmente sua alienação ampliada como mais-valor,

---

[47] Sobre esse tema, ver o importante estudo de LOSURDO, Domenico. *Luta de Classes*. São Paulo: Boitempo, 2015.

condição esta que se apresenta como natural e eterna. Assim, o minimalismo reformista é o responsável por nos acharmos em meio de outra crise dentro da crise atual do capitalismo: a crise da ideia de revolução. Consiste na ausência de uma tomada de consciência sobre a necessidade real e da possibilidade concreta da constituição de outra ordem social e mundial que leve a humanidade para além do capitalismo. Enquanto existir uma base subjetiva para a reprodução e expansão do capitalismo, a "crise terminal" que caracteriza o presente ciclo sistêmico de acumulação poderá desembocar no agravamento das presentes contradições e na potencialização de uma nova possibilidade histórica ou, como alternativa, servirá como nova oportunidade para a reestruturação das relações sociais e introdução de novas formas de dominação necessárias para a contínua reprodução do capital.

O sujeito constituinte

O fato de que o mundo atual se revela cada vez mais como o que essencialmente denunciou Marx em sua crítica da econômica política do capital, com sua mundialização, sua concentração monopolística, suas ineslutáveis crises cíclicas, o empoderamento crescente do capital financeiro e a pauperização da maioria às custas do enriquecimento dramático da minoria, nos ajuda a explicar o retorno decisivo do pensamento marxista, particularmente em Nossa América. Esse retorno aconteceu logo antes do marxismo ser prematuramente proclamado morto e totalmente desprovido de qualquer pertinência nestes tempos a partir do colapso da União Soviética e de seus aliados europeus, assim como da retirada geral de todo o plano de muitos partidos e movimentos socialistas e comunistas. Até em círculos acadêmicos o marxismo foi marginalizado e deslegitimado como uma teoria crítica alegadamente fracassada.

Entretanto, existem alguns eventos de Nossa América que tornaram patente a forma como a ampliação do domínio do capital gera suas correspondentes contestações sociais e políticas. Em 1989, enquanto caía o notório Muro de Berlim, supostamente evidenciando a vitória definitiva do capitalismo sobre o socialismo e do neoliberalismo sobre o marxismo, houve outro acontecimento histórico menos publicado conhecido como o *Caracazo*, em referência a Caracas, capital da Venezuela. Esta serviu como grande cenário de uma série de rebeliões civis de base que inclusive se estenderam a outras cidades de dito país sul-americano, em protesto contra a imposição de políticas neoliberais que apenas serviam para empobrecer dramaticamente setores significativos do povo, sobretudo os que já tinham para si apenas o necessário para subsistir precariamente. Enquanto nas ruas de Berlim o capitalismo parecia triunfante sobre o chamado socialismo real, nas ruas de Caracas testemunhava-se, em sentido contrário, o renascer da história mediante a impugnação do capitalismo real. Foi a primeira rebelião civil no planeta contra o neoliberalismo.

Logo depois, em 1994, em Chiapas, México, o Exército Zapatista de Libertação Nacional surpreendeu o mundo inteiro com sua insurreição armada comprometida com o desenvolvimento revolucionário de um mundo em que caibam todos os mundos, e no qual não haverá lugar para a exploração e opressão de um ser humano por outro. A rebelião zapatista representa a confluência estratégica e histórica das perspectivas ou visões de mundo marxista e indigenista, particularmente maia, para a articulação de uma nova luta contra-hegemônica, contra o neoliberalismo e o capital em geral. Em ambos os casos, Caracas e Chiapas, testemunhamos o despertar de uma nova possibilidade histórica a partir de novos sujeitos políticos: os pobres marginalizados das cidades e campos, assim como os povos e comunidades indígenas. Tratou-se, em ambos os casos, não de meros fatos conjunturais, mas de *acontecimentos* que deram início a uma sequência histórica de fatos com força normativa que representariam uma nova possibilidade coletiva e plural, com projeção universal. A partir dela se redefine a atual situação, em meio de uma sociedade que o capital havia transformado fundamentalmente em ordem civil de batalha. Tais acontecimentos aprofundam as fissuras que subjazem na situação presente, ocultadas até o momento pelas estruturas de dominação do capital.

Os acontecimentos são fugas repentinas e às vezes inesperadas das determinações estruturais, cujas raízes já estavam nas profundezas da situação. Possuem um efeito constitutivo de uma nova oportunidade para transtornar e talvez romper com os fundamentos normativos e com a correlação de forças que caracterizam a situação existente, e potencializar seus impulsos para além de seus fatos ou efeitos imediatos. Como tais, nos desafiam para que repensemos nosso modo de ver o mundo e como transformá-lo, sobretudo porque são parteiros de uma nova subjetividade que surge das manifestações locais e imediatas da luta de classes, grupos, povos e comunidades. Não podemos esquecer que é precisamente entre estas que efetivamente se constituem e reproduzem as relações de poder na sociedade. Nesse sentido, também constituem uma impugnação dos dispositivos de coação que servem para garantir a obediência ou a submissão à ordem estabelecida, gerando uma nova subjetividade.

Alain Badiou assinala a respeito: "Para mim, um acontecimento é algo que faz aparecer certa possibilidade que era invisível ou inclusive impensável. Um acontecimento não é por si mesmo criação de uma realidade; é criação de uma possibilidade, abre uma possibilidade. Nos mostra que há uma possibilidade que se ignorava. Em certo modo, o acontecimento é apenas uma proposta. Nos propõe algo. Tudo dependerá da maneira em que esta possibilidade proposta pelo acontecimento seja captada, trabalhada, incorporada, esclarecida no mundo".[48] E continua: "Um

---

48 BADIOU, Alain. *La Filosofía y el Acontecimiento*. Madri/Barcelona: Amorrortu, 2013, p. 21. Ver, por exemplo, também Slavoj Zizek, quando assinala que o acontecimento é, em essência, "algo traumático, perturbador, que parece suceder de repente e que interrompe o

acontecimento político é algo que faz surgir uma possibilidade que escapa ao controle dos possíveis exercido pelo poder dominante. De repente, certa quantidade de pessoas – as vezes, massas de pessoas – começam a pensar que há outra possibilidade". Badiou insiste que estes sujeitos dão vida à nova possibilidade proposta pelo acontecimento. "Em dado momento, aparece algo que perturba o controle das possibilidades e a definição mais geral do Estado. Insistiu-se reiteradamente que o Estado significava a opressão real, mas, mais essencialmente, é o que distribui a ideia do possível e do impossível. O possível vai ser arrancado do impossível". É assim que deve-se entender a ordem daquele outro acontecimento, conhecido como a Revolução de 1968: "Sejamos realistas; peçamos o impossível!". O que era incriminado até esse momento começa a se nomear como possibilidade.

No final do século XX parecia que se haviam liquidado as agendas revolucionárias em aras de programas políticos e econômicos politicamente corretos, segundo o critério neoliberal dominante. Desse momento em diante nos diziam que a única possibilidade era lutar para melhorar o capitalismo, essa estação final a que havia chegado o trem da história. Claro está, em Nossa América houve algumas honrosas exceções como o então presidente cubano Fidel Castro Ruz que naqueles dias advertia, até o cansaço, que a única alternativa ao comunismo era a barbárie para a qual nos encaminhava irremediavelmente o capitalismo. Pretendeu-se dispensar tanto a Revolução Cubana quanto seu líder histórico como relíquias do passado, por alguns que ainda seguiam se chamando de esquerda. Desde meados da década de 1980, Washington logrou impor a nova agenda neoliberal como "consenso" entre as Américas a partir

---

curso normal das coisas". É "um efeito que excede suas causas" e cuja característica fundamental é "a aparição inesperada de algo novo que debilita qualquer forma estável". ZIZEK, Slavoj. *Acontecimiento*. Cidade do México: Sexto Piso, 2014, p. 10- 8.

das presidências de George H. W. Bush e William J. Clinton.[49] Encaminhamo-nos para a "feliz" e progressiva integração neoliberal de nossas regiões, que culminaria em 2005 com o início do Acordo de Libre Comercio das Américas (ALCA). Uma só América, de Norte a Sul, regida desde Washington sob um só fundamento normativo: o ditado pelo capital!

Na contramão, acontecem o *Caracazo* e a insurreição zapatista como dois importantes, ainda que diferenciados, impulsos contestatários. São acontecimentos liberadores que evidenciaram o despertar de uma nova subjetividade e da possibilidade de instituir algo novo. Em ambos casos, compartilha-se uma dialética que, para além de sua negação ao neoliberalismo e ao sistema capitalista, representa uma afirmação de que o comum, como modo alternativo de ordenação de nossa vida coletiva, não apenas é necessário, mas também possível. Novamente, o que se apresentava como "Um se divide em dois". Divide-se a partir dos focos de rebelião, mas sobretudo pelas experiências de criação do novo. Nesse sentido, trata-se de momentos ou experiências constitutivas que têm implicações estratégicas, inclusive constituintes.

---

49 As propostas neoliberais foram articuladas, particularmente em seus aspectos econômicos, no chamado *Consenso de Washington*. Trata-se do consenso tácito que foi produzido entre o Tesouro de Estados Unidos, o Federal Reserve, as instituições multilaterais (FMI, Banco Mundial, OMC), proeminentes *CEO's* das grandes corporações e "think-tanks" conservadores e liberais, acerca das políticas que seriam promovidas para a América Latina em fins dos anos 1980. O Consenso de Washington trata das seguintes dez propostas: (1) equilíbrio do orçamento público mediante a redução do *déficit* fiscal; (2) recondução do gasto público primando a seleção do mercado; (3) reformas fiscais que reduzam os impostos diretos e aumentem os indiretos; (4) estabelecimento de taxas de lucro que atraiam capitais e fomentem a economia de recursos interna; (5) tipos de mudança que permitam orientar a economia em direção ao exterior de maneira competitiva; (6) liberalização comercial com plena abertura de fronteiras; (7) recepção de inversão estrangeira direta; (8) privatizações do setor público; (9) desregulação do mercado de trabalho, aos controles, às empresas e aos capitais e desaparição das barreiras legais aos movimentos econômicos (salvo de mão de obra); e (10) garantias aos direitos de propriedade. Esse conjunto de propostas é a contraparte econômica da ideia de *governança*. Segundo ele, o Estado deve deixar todo o caminho livre ao mercado através da desregulação, a liberalização, a privatização, o ajuste macroeconômico e a primazia do setor exterior, se encarregando tão só de garantir a propriedade privada e a estabilidade do desenvolvimento da acumulação capitalista, em seu mais recente modelo de acumulação por despossessão.

Por um lado, o *Caracazo* concretizou-se como o acontecimento fundacional de uma sequência histórica que desembocou nas posteriores vitórias eleitorais de Hugo Chávez Frías, na Venezuela, na constituição de um novo bloco hegemônico de forças e uma nova subjetividade normativa: o soberano popular como poder constituinte. Também representou o início do que se qualificou como uma revolução bolivariana para a construção de uma nova ordem pós-neoliberal e pós-capitalista para seu país e toda Nossa América: "socialismo do século XXI". A respeito, assinalou Chávez: "Nossa revolução foi a última revolução do século XX, quando quase haviam se fechado os caminhos revolucionários; quando apagaram quase todas as luzes no horizonte mundial e se proclamava a proposição hegeliana do fim da História a partir dos centros de pensamento do poder hegemônico imperial. E mais importante ainda a partir do ponto de vista da evolução: nossa revolução é a primeira do século XXI".[50] Em seguida, continuou em torno da nova possibilidade histórica que restou aberta: "A crise mundial do capitalismo deve ser oportunidade na Venezuela para acelerar a desmontagem do sistema capitalista e, ao mesmo tempo acelerar a construção do socialismo bolivariano".

O que é o "socialismo do século XXI"? Trata-se da mesma proposta histórica do socialismo, ainda que com novas matizes, resultado de um balanço crítico de suas experiências históricas passadas. A partir dessa perspectiva o socialismo é definido como um modo de vida alternativo cuja matriz está em formas solidárias, democráticas e comunizantes de produção e governança. Sob elas, o ser humano deixa de ser mercadoria

---

50) CHÁVEZ FRIAS, Hugo. *El Socialismo del Siglo XXI*. Caracas: Colección de Cuadernos para el Debate, Ministerio del Poder Popular para la Comunicación y la Información, 2011, p. 13-14. Sobre este tema, ve também LÖWY, Michel; GONZALEZ, Samuel. "Apuntes para un Socialismo del Siglo XXI". *Rebelión*, 18 abr. 2012. Disponível em: http://www.rebelion.org/noticias/2012/4/143176.pdf. Acesso em: 21 nov. 2018; e BORON Atilio. *Socialismo no Século XI* São Paulo: Expressão Popular, 2010.

e recupera sua humanidade. Para além de sua dimensão ideal, assenta-se também na experiência das lutas emancipatórias e revolucionárias próprias de Nossa América desde, por exemplo, a gestação independentista do século XIX, passando pela Revolução Mexicana de 1910 e, mais contemporaneamente, a Revolução Cubana, a Revolução Sandinista e a experiência da Unidade Popular no Chile. Outro elemento distintivo do "socialismo do século XXI" é a democracia, ou seja, a participação protagonista e permanente do povo como soberano encarnado em poder constituinte. Daí foram se desenvolvendo as bases para um processo de transição em que crescentemente o Estado herdado foi se socializando ao calor da potencialização do poder popular em todos os âmbitos da vida, culminando no que se chamou de *não Estado*.[51]

Esta ideia da passagem ao "não Estado" parecerá a alguns uma quimera, mas, francamente, entendo que constitui uma proposta de singular importância para a necessária reconceitualização da função do Estado ou, melhor ainda, do modo de estar em comum, que rompa com as necessidades e lógicas do capital. Mesmo que dito projeto revolucionário bolivariano tenha sido inicialmente estadocêntrico, progressivamente se esforçou em mover-se em direção à construção de um poder comunal alternativo. O fez precisamente por entender que uma das causas do fracasso do "socialismo real" foi nunca haver entendido que a passagem do capitalismo ao socialismo requer, de forma imperativa, o radical empoderamento democrático do povo. No caso venezuelano, respondeu-se também aos problemas de burocratismo e corrupção que de imediato apresentou o Estado herdado, obrigando o governo de Chávez a criar de imediato as *missões*, estas novas instituições populares e não estatais às quais foram sendo delegadas funções dos Ministérios. A experiência

---

51 RIVERA-LUGO, Carlos. "El Socialismo Bolivariano". *Claridad*, 16 out. 2017 (San Juan de Porto Rico). Ver também em www.academia.edu.

dura dissipou qualquer tentação de albergar a esperança de que esse Estado burguês herdado pudesse servir de instrumento definitivo para alcançar a agenda revolucionária traçada. Entendeu-se que o Estado devesse socializar com urgência, isto é, encarnar-se no povo, em toda sua rica pluralidade constitutiva, deixar de ser uma instância de poder acima do povo, para fazer-se povo. Somente assim pode-se aspirar à superação definitiva dessa falsa dicotomia, ideologicamente motivada, entre a sociedade política e a sociedade civil. Nesse sentido, o "socialismo do século XXI" não pode ser como algumas experiências do passado do socialismo real, um capitalismo de Estado ou um Estado castrador da participação democrática plena do povo em todos os âmbitos da vida econômica, social e política. Chávez já sentenciou: "Comuna ou nada (...) Cuidado, se não nos dermos conta disso, estamos liquidados, mas não apenas liquidados, seríamos nós os próprios liquidadores desse projeto. Cabe-nos uma grande responsabilidade ante a história".[52]

Daí que não surpreendeu ninguém o salto qualitativo nesta direção decidido com a organização de um novo processo constituinte, referendado eleitoralmente em fins de julho de 2017. A maioria do país, usando os meios constitucionais à sua disposição, decidiu retomar democraticamente as rédeas de seu processo de mudança, para aprofundar ainda mais os conteúdos substantivos da Constituição bolivariana de 1999 e derrotar assim a agenda destrutiva da direita apoiada por Washington, contra a Revolução Bolivariana. Inclusive, a iniciativa surge das primeiras aproximações que os próprios conselhos comunais haviam feito a Nicolás Maduro, o mandatário sucessor de Chávez, para que, em virtude de a direita

---

52 CHÁVEZ FRÍAS, Hugo. *Golpe de Timón: I Consejo de Ministros del Nuevo Ciclo de la Révolución Bolivariana*. Caracas: Correo del Orinoco, 2012. Disponível em: http://www.psuv.org.ve/wp-content/uploads/2015/10/Golpe-de-Timón.pdf. Acesso em: 19 dez. 2018.

haver conseguido uma maioria na Assembleia em dezembro de 2015, se constituísse, a partir das comunas, uma Assembleia ou Parlamento Nacional Comunal como instituição de autogoverno que pudesse ir gestando um novo processo constitutivo para além do poder constituído, dividido após este momento. No caso da Assembleia Nacional Constituinte inaugurada em 4 de agosto de 2017, esta se propõe a realizar uma série de reformas, sobretudo para auxiliar a constitucionalização do poder popular e comunal que foi brotando pelo país desde 1999. Dessa forma, coloca-se sobre a mesa a mudança de um processo social constitutivo hegemonizado pelo Estado a um processo social constitutivo hegemonizado pela comunidade, comuna, Missões e pelos movimentos, isto é, as forças motoras vivas da revolução bolivariana.

Deve-se enquadrar a Constituição venezuelana dentro de um processo social constitutivo que está em contínuo movimento. Nasce desse movimento a prescrição de uma outra normatividade constituinte que transborda e, em certo sentido, vai potencialmente substituindo a institucionalidade própria do Estado herdado e seu monopólio sobre a produção de normas e políticas, em conformidade com o descreditado modelo constitucional liberal-burguês. O poder constituinte vai assumindo um papel predominante como novo eixo do constitucionalismo e como ordenador permanente da vida social, política e econômica do país. É a instituição de poder constituinte, como presença permanente em sua qualidade de soberano popular e do poder que de tal condição emana, que o projeto revolucionário bolivariano está chamado a assegurar acima daqueles interesses particulares que pretendam atacá-lo e destruí-lo. O poder constituído é reduzido à função de execução administrativa das decisões do poder constituinte. Às vezes esquecemos que os ramos do executivo, legislativo e judiciário não são propriamente poderes, como sustentou Montesquieu, mas na realidade são apenas instâncias de administração da política e da justiça sujeitas ao mandato expresso do poder constituinte, o soberano popular, como proposto por Rousseau, Bolívar, Martí e Hostos. É a relação entre o poder constituinte como mandante e o poder constituído como mandatário, sujeito aos mandatos do primeiro e limitado por ele.

Neste novo modo de estruturação e regulação da sociedade o povo nunca pode ceder seu poder constitutivo, direto e permanente, sobre a totalidade do acontecer político, econômico e social, já que é somente e fundamento definitivo da democracia. Seu poder constitutivo é inalienável. Como tal, não se deve a um título jurídico. Está acima da forma jurídica estadocêntrica, pois é sua fonte material fundante e legitimadora. Não pode haver norma válida que seja exterior a essa vontade soberana social ou comunitária. Menos ainda pode-se alegar dicotomias falsas e ideologicamente motivadas entre a sociedade política e a sociedade civil, por trás das quais se oculta o exercício de fato do poder pela classe capitalista e seus representantes políticos. Reconhece-se dessa maneira o caráter diretamente político da sociedade e da comunidade. Por outro lado, deve-se reconhecer que, como qualquer outro enunciado ou valoração, a norma jurídica não nasce do nada. Por tal razão, é preciso superar toda compreensão normativa descontextualizada da luta concreta de classes, grupos, povos e comunidades. Inclusive, deve-se reconhecer que, sob esta, o bem não se define *a priori* por uma lei ou regra em abstração de seu fim ou efeito, mas a partir de fundamentos éticos liberadores que constituem, em última instância, seu critério de validade e legitimidade.

Emerge deste modo como nova possibilidade, em primeira instância, um *direito constituinte* que progressivamente deve resultar em um *não direito*[5] ou *normatividade*

---

53 Sobre o conceito de *não direito* ver CARBONNIER, Jean. *Derecho Flexible*. Madri: Tecnos, 1974, p. 13-63; RODATÁ, Stefano. *La Vida y las Reglas. Entre el Derecho e el No*

constituinte, transcendendo o marco estreito do constitucionalismo estadocêntrico que prevalece sob a cultura jurídica burguesa, mesmo entre setores que se consideram críticos de esquerda. Seu sujeito principal já não é o mercado capitalista, nem o Estado governamentalizado e, menos ainda, o abstrato sujeito jurídico do constitucionalismo liberal-burguês, mas é a forma comunitária ou comunal como alternativa de produção social e de governo e, mais especificamente, desse sujeito que partindo de baixo se rebelou soberanamente para refundar, a partir de si mesmo e de sua necessidade, toda a sociedade, com os efeitos normativos correspondentes.

Pois bem: estaremos, no caso da Venezuela, ante uma nova expressão da fetichização do direito entre a esquerda? O chamado novo constitucionalismo em Nossa América tendeu a afirmar a relativa autonomia do direito, ainda que a partir de um entendimento em que o relativo neste caso está determinado pela luta de classes. O Estado e o direito se concebem como campos de batalha entre as classes e grupos que divergem em torno de seus respectivos projetos de país, regionais e mundiais. Poderá se construir o "socialismo do século XXI" por meios fundamentalmente legais? Uma experiência histórica prévia, o caso do Chile sob o governo da Unidade Popular presidido por Salvador Allende Gossens (1970-73), quis produzir uma transição pacífica e ordenada ao socialismo que culminou em um sangrento golpe de Estado pelas Forças Armadas, apoiadas pelo governo dos Estados Unidos. Claro está, neste caso, diferentemente da experiência atual da Venezuela, Allende teve que governar com o Congresso e o Tribunal Supremo contra seu governo, sem falar das Forças Armadas e Policiais, como enfim também se testemunhou.

Derecho. Madri: Trotta, 2010, p. 25-91; e o trabalho "El Tiempo del No-Derecho". *In:* RIVERA-LUGO, Carlos. *¡Ni Una Vida Más al Derecho! Reflexiones Sobre la Crisis de la Forma-Jurídica*. Aguascalientes/San Luis Potosí: Centro de Estudios Jurídicos y Sociales Mispat y Programa de Maestría en Derechos Humanos de la Universidade Autónoma de San Luis Potosí, 2014, p. 123-140 (Dissertação de Mestrado).

Tampouco houve um processo constituinte que permitisse produzir uma nova Constituição, que representasse um novo bloco de poder, que contribuísse para validar e legitimar o novo projeto de país e que provesse os novos fundamentos normativos e o marco institucional para sua realização. No caso da Venezuela, o chavismo conseguiu criar uma nova situação de forças que alterou as relações de poder no interior da sociedade, possibilitando que uma miríade de setores sociais, até pouco tempo marginalizados de todo processo decisório na política e na economia, pudesse emergir como novos sujeitos políticos portadores de uma nova subjetividade enquanto poder constituinte. Marginalizados sob o velho constitucionalismo liberal, estiveram dispostos a arriscar a própria vida, no *Caracazo* assim como posteriormente frente às intentonas golpistas, como as mais recentes "guarimbas", isto é, a violência lumpenizada da direita nas ruas. Esses novos sujeitos, os outrora condenados a viver e morrer na ignomínia pelas elites econômicas e políticas do passado, tomaram consciência de sua *necessidade vital de fazer a revolução* como classe ou grupo representativo do comum e, consequentemente, decidiram apropriar-se de seu poder normativo como sujeitos soberanos para protagonizar uma transformação radical que inclua a abolição do sistema existente e a conformação da nova ordem transcapitalista. Entretanto, sua valoração negativa do Estado de Direito burguês sob o qual foram discriminados e reprimidos, não impediu que compreendessem que sua luta deve libertar tanto dentro como fora do Estado herdado, buscando aprofundar suas contradições como forma política dominante para transcendê-lo em formas mais horizontais e autodeterminadas de governança democrática em todos os âmbitos da vida nacional.

Talvez do que se trata, ademais, é de tomar consciência do fato de que o direito como modo dominante de estruturação e regulação, de caráter alienante, não poderá ser extinto até que se realize em teoria e prática. É necessária a destruição não apenas teórica, mas sobretudo prática da sociedade burguesa como um todo e a economia política que lhe serve de fundamento, incluindo sua subjetividade alienada. Devem ser supridas por formas novas livremente determinadas de sociabilidade, governança e regulação, em especial a consciência ou subjetividade específica correspondente à sua nova matriz estruturante do comum ou comunal. Deve-se forçar as excisões constitutivas da forma jurídica até seus limites e ainda além destes, a partir das experiências e forças cumulativas desse movimento real comunizante que por todos os lados vai negando e potencialmente superando a ordem atual.

O espectro do comunismo normativo

Por outro lado, há a sequência histórica que se abre com o surpreendente levantamento armado do Exército Zapatista de Libertação Nacional (EZLN) no estado mexicano sulista de Chiapas, em 1 de janeiro de 1994, coincidindo com a entrada em vigor do Tratado de Livre Comércio do México com os Estados Unidos. Sua campanha militar e política audaz foi o segundo alarme contra as aspirações neoliberais na Nossa América, até esse momento incontestadas. Logrou, inicialmente, derrubar os "cantos de sereia" do então presidente Carlos Salinas de Gortari sobre uma fictícia prosperidade econômica que, alegadamente, havia colocado o México às portas do exclusivo clube do "Primeiro Mundo", ou seja, dos países ricos e desenvolvidos. O EZLN encarregou-se de desmistificar a propaganda oficialista e apresentar a outra cara do México, a rural, assim como os imorais contrastes entre a opulência do México da burguesia crioula, e a pobreza e marginalização extremas do México dos camponeses e indígenas. Irrompeu assim com uma força nova e inusitada na vida política do México e de Nossa América. O despertar do sujeito indígena surgiu como um desses signos alentadores que desesperadamente andávamos buscando para que desse testemunho de que a revolução contra toda ordem civilizatória seguia sendo uma vocação renovável em certos tempos dominados pelo *pensamento único* do neoliberalismo.

Ademais, a perspectiva estratégica zapatista está centrada em uma nova valoração do fenômeno do poder que parte da premissa de que o desenvolvimento de uma nova sociedade transcapitalista e comunal será o resultado de uma construção social vinda de baixo, ou seja, através da autonomia política e econômica efetiva das comunidades em conformidade com o princípio da autodeterminação. Isso significa ir além do Estado burguês e da colonialidade do poder que o caracteriza. O novo sujeito plural em que convergem a cosmovisão relacional e comunal com a perspectiva anticapitalista de um marxismo aberto e humilde passa a apalavrar uma ruptura com o passado e com o presente colonial-capitalista a partir de suas próprias circunstâncias.

Foucault nos diria que com o zapatismo se destravou um saber e um poder até hoje submetidos e deslegitimados por um pensamento predominante e demasiadamente centrado nas lógicas econômico-políticas e jurídicas do chamado Estado-nação burguês. O saber liberado é o saber da gente, resultado de uma história oculta de lutas e resistências, em sua maioria locais e imediatas. É ali onde reside a raiz de toda estrutura de poder e de onde tecem-se os fios visíveis e invisíveis de suas relações de dominação. De dentro de cada um, e a partir do âmbito espacial do local onde se constitui o sujeito alienado do capitalismo e da colonialidade, é também a partir dali que se deve romper suas cadeias. É a partir dali que se deve reconstituir e emancipar o sujeito para que se apodere de seu saber e de sua liberdade de ação para a transformação revolucionária de suas circunstâncias. Já dizia Foucault: "Trata-se de captar o poder em seus extremos, em seus últimos delineamentos, onde se torna capilar; ou seja, tomar o poder em suas formas e suas instituições mais regionais, mais locais, sobretudo onde esse poder, ao transbordar as regras do direito que o organizam e o delimitam, se prolonga, por conseguinte, para além delas, se investe de certas instituições, cobra corpo em certas técnicas e se dá instrumentos materiais de intervenção, eventualmente inclusive os violentos".[54]

Por sua parte, Antonio Gramsci acertou quando afirmou que a criação de normas não é uma prerrogativa exclusiva do Estado. Para este, a sociedade toda, suas associações e instituições, são fontes materiais de prescrição normativa: "Todo homem, na medida em que é um ser ativo, isto é, vivo, contribui para modificar o ambiente social no qual se desenvolve (modificando certas características e conservando outras); em outras palavras, tende a estabelecer 'normas', regras de vida e de conduta".[55] Nesse sentido, não obstante as pretensões monistas do Estado em relação à criação de normas, a realidade é que todos somos potencialmente legisladores, enunciadores ou produtores de normas e regras no contexto das constelações de relações e associações de todo tipo em que participamos.

É nesse marco que se deve apreciar a criação das Juntas de Bom Governo e os processos autônomos de administração da justiça por parte dos Zapatistas. Trata-se de instituições e processos totalmente alheios ao controle por parte dos mecanismos judiciais do governo central. Estes se caracterizaram pela aplicação exitosa de normas, regras e procedimentos decididos autonomamente pela comunidade. Experiências como estas serviram para dar testemunho fidedigno da possibilidade concreta de administrar efetivamente uma justiça que seja resultado de processos decisórios tomados através de assembleias, com a participação direta de todos os membros da comunidade e como resultado

---

54 FOUCAULT, Michel. *Defender la Sociedad*. Cidade do México: Fondo de Cultura Económica, 2000, p. 36.
55 CAIN, Maureen. "Gramsci, the State and the Place of Law". *In:* SUGARMAN, David. *Legality, Ideology and the State*. Londres/Nova Iorque: Academic Press, 1983, p. 102.

da sua vontade expressa. Também se confirmou a viabilidade de processos autodeterminados de administração da justiça baseados em um modo relacional e participativo de solução de conflitos, cujos resultados são coletivamente estruturados e enunciados dentro de um *acordo* livre e coletivamente construído, com um fim reparativo e não propriamente retributivo ou punitivo.

Podemos encontrar outro exemplo no seio do movimento comunal em Oaxaca. Segundo um de seus fundadores, Jaime Martínez Luna, o Estado de Direito baseado na instituição capitalista da propriedade privada, nas lógicas de mercado capitalista, da mercantilização da vida em geral e as resultantes relações de poder, é uma instituição e uma ideia alheia ao entendimento normativo da justiça sob a comuna. Segundo esse entendimento, a administração da justiça não é um processo de tipo jurídico, mas ético-normativo; é o resultado de um acordo livre e coletivamente construído pelos membros da comunidade, em um contexto normativo e processual que também é expressão livre da vontade coletiva. A forma deste acordo é alheia à forma jurídica, sendo produto da força estruturante e reguladora de usos e costumes ancestrais da comunidade.

Podem-se achar experiências análogas ou similares através de Nossa América entre os povos e comunidades indígenas, assim como além destas no que chamou-se de "comunidade de afinidades" organizadas em torno de causas e lutas comuns de estudantes, mestres e professores, trabalhadores despossuídos de direitos adquiridos, camponeses sem terra, pessoas sem lar, ambulantes, mulheres vítimas de violência, imigrantes, familiares de presos ou desaparecidos, entre outros. Estas comunidades estão caracterizadas igualmente por processos coletivos e assembleares de tomada de decisão, assim como pela relações de solidariedade e de igualdade entre seus integrantes.

O fenômeno antes descrito representa um exemplo empiricamente constatável de compreensão do comunismo ou ca comunalidade como processos constitutivos em permanente devir de uma forma de normatividade muito diferente que teve presença como nova possibilidade. Trata-se de uma normatividade comunizante ou de um *não direito* comunitário ou comunal como modo alternativo de estruturação, regulação e subjetivação. Trata-se do novo marco autodeterminado de normatividade sob o qual de fato operam os movimentos sociais, as comunidades, as comunas e as organizações políticas revolucionárias.[56] É o marco normativo tácito e informal das relações e das associações fundadas na reciprocidade solidária e cooperativa, tão alheia ao direito burguês. Estas experiências estão forjando, uma a uma, uma lógica cumulativa de um poder constitutivo para a potencialização do impulso normativo do comum que há em seu seio. São provas de que existe um espaço não apenas para protestar e resistir, mas, mais importante ainda, para construir novas possibilidades fora do capital, assim como de seus fundamentos e processos jurídicos e normativos. Para o marxismo é uma oportunidade histórica para superar o "comunismo abstrato" de que falou Bolívar Echeverría, para revisitar criticamente a perspectiva marxista tanto sobre o Estado como sobre o direito e reconhecer o significado histórico da produção crescente de uma normatividade não estatal e, correlativamente, do empobrecimento e disfuncionalidade crescentes dos processos de prescrição política e jurídica do Estado capitalista. Não se trata de uma situação passageira ou conjuntural, mas da manifestação de uma metamorfose estrutural sobre como se produz normas e políticas nestes tempos de crise estrutural, da qual a forma jurídica não escapa.

---

56 Ver, a respeito: RIVERA-LUGO, Carlos; CORREAS, Oscar. *El Comunismo Jurídico*. Cidade do México: UNAM-CEIICH, 2013, p. 13-27; e RIVERA-LUGO, Carlos. *¡Ni Una Vida Más al Derecho! Reflexiones Sobre la Crisis Actual de la Forma-Jurídica*. Aguascalientes/San Luis Potosí: Centro de Estudios Jurídicos y Sociales Mispat y Programa de Maestría en Derechos Humanos de la Universidade Autónoma de San Luis Potosí, 2014, p. 123-161 (Dissertação de Mestrado).

Este fenômeno não é alheio ao novo constitucionalismo previamente mencionado. É parte de seu caráter essencial como constitucionalismo social ou comunal, ou seja, como autonomização progressiva dos processos sociais constitutivos para além do Estado de Direito burguês. Potencializa-se a partir do comum a construção de espaços coletivos e plurais de produção, de decisão e de vida para além das lógicas dominantes do Estado capitalista. Isto introduz uma nova espacialidade estendida de normatividade constitutiva e inclusive constituinte, ancorada no local e no singular, com possibilidades de transcender ao resto da sociedade, e contribui como referência significativa à suas investigações de formas alternativas de estruturação, regulação, subjetivação e administração da justiça. É neste processo social e comunitário dinâmico e participativo de prescrição normativa permanentemente impregnado de uma pluralidade constitutiva de contextos e fontes, que radica a verdadeira possibilidade aberta pelo novo constitucionalismo de Nossa América.

Não podemos tratar o assunto caracterizando-o meramente como pluralismo jurídico ou normativo, ou como novo constitucionalismo. Trata-se da existência de uma multiplicidade de sistemas ou ordens normativas que, na mesma medida em que interatuam o Estado, o mercado e a comunidade, competem e se confrontam em um contexto estratégico por impor sua validade e legitimidade, assim como seus sentidos de realidade, em meio a presente crise estrutural e talvez terminal do capitalismo. Esta pluralidade constitutiva é reflexo de uma ruptura paradigmática que está ocorrendo como resultado da incapacidade crescente do capitalismo e de suas expressões coloniais em garantir sua integração sistêmica. Tanto as formas capitalistas do Estado quanto as do mercado provaram ser incapazes de servir como instrumentos efetivos de consenso, integração e normalização social sob as presentes circunstâncias, recorrendo cada vez mais a mecanismos de controle e repressão. Inclusive, nos diferentes contextos do novo constitucionalismo, por exemplo, na Venezuela, Equador e Bolívia, se produziram tensões entre o Estado, os movimentos sociais e as comunidades na medida em que não se entende o novo caráter ampliado do processo produtivo.

Deve-se compreender de uma vez por todas que a referida ruptura paradigmática expressa, ao menos, a potencialidade de uma nova episteme normativa que se propõe a socializar e multiplicar, como nunca antes, as principais fontes materiais de uma normatividade válida para além do poder constituído. Isso, nitidamente, apresenta um desafio singular devido ao fato de que a sociedade não é uma totalidade homogênea, simétrica e não conflituosa, mas heterogênea, assimétrica e contraditória. Mesmo assim, não se pode ignorar que estes processos constituintes e constitutivos estão comprometidos em suas origens, a partir das rebeliões civis causadas por aspirações dotadas de formas mais autônomas da política e das normas que as prevalecentes.

A economia política do comum

Qual é a natureza e função específica do Estado e do direito como formas particulares, historicamente determinadas, do político e do normativo? Qual é o marco teórico e prático para transitar do capitalismo ao comunismo como novo modo comunal de governança econômico-política e de regulação social? Até agora prevaleceu um fetichismo tenaz das formas liberal-burguesas do Estado e do direito que serviram para limitar os horizontes de qualquer possibilidade de mudança sistêmica ou civilizacional, particularmente sob as experiências diversas do socialismo real europeu, incluindo a União Soviética. Segundo estas experiências, por exemplo, a regulação social se reduziu a normas, regras e procedimentos estadocêntricos, cujo cumprimento devia ser garantido por meios coercitivos, se necessário. Esta perspectiva representou o abandono do ideal inicial dos bolcheviques em favor da abolição imediata do Estado burguês e seu direito e de sua substituição por processos sociais constitutivos, de caráter imanentes, em mãos dos soviertes. Sob estes últimos, a consideração da justiça seria privilegiada acima da letra da lei e suas formalidades. A proposição marxiana sobre a extinção gradual do Estado e do direito devia ser o resultado da imediata construção de um sistema soviético, ou seja, assemblear de autogovernança, o que finalmente foi abandonado sob o estalinismo.

Foi se impondo entre os bolcheviques, sobretudo a partir de Stalin, e posteriormente entre todo o movimento comunista internacional, uma perspectiva instrumental tanto do Estado como do direito, sob o qual ambos são mecanismos que respondem, em última instância aos interesses da classe dominante. Sob o capitalismo a forma política e a forma jurídica fundamentalmente servem para estruturar e garantir a ditadura de fato da classe burguesa sobre o resto da sociedade. Entretanto, enquanto mecanismos de dominação, esses mecanismos não existem sem seus matizes e contradições. Isso cria a possibilidade de que sejam usados pela classe obreira e demais grupos sociais e comunitários subalternos, para explorar suas fissuras em favor de uma transformação sistêmica progressiva.

Um dos mais importantes teóricos da já abordada visão do Estado e do direito foi o jurista soviético Andrey Vicrinsky o principal teórico responsável pela concepção estalinista do Estado e do direito. Segundo este, o Estado e o direito são basicamente instrumentos a serviço da classe dominante, o mesmo poderia se dizer sobre a ascensão do proletariado ao poder. Este poderia se valer de sua própria ditadura sobre a burguesia. Até a propriedade privada burguesa deixaria de existir uma vez expropriada e convertida em propriedade estatal, como se bastasse a nova definição jurídica para autonomamente produzir uma transfiguração gloriosa desta em propriedade efetiva do povo trabalhador. O retorno às formas capitalistas de produção e troca, assim como às suas formas jurídicas e ao fortalecimento do aparato estatal, decidido a partir do Novo Plano Econômico de 1921, serviu para sustentar as ideias de Vichinsky. Este insistiu que, sob o socialismo, o direito alcança seu nível mais alto de desenvolvimento. Porém, esta mitologia estalinista sobre a superioridade do direito socialista nunca esteve, entretanto, validada pelos fatos. Representou um regime de controle social brutal e indiscriminado, que ademais proveu os mecanismos disciplinares no interior dos processos de produção guiados por uma economia política caracterizada, no melhor dos casos, como capitalista de estado.

 O caráter problemático da transição à nova sociedade foi o nó górdio que o marxismo se mostrou incapaz de desatar na medida em que não foi capaz de romper com o marco normativo da economia-mundo capitalista. É evidente que não se trata de o marxismo estar alheio ao problema que resultaria da transição de uma sociedade capitalista atrasada a uma sociedade comunista livre, igualitária e próspera. A tarefa histórica era monumental: a velha ordem devia ser negada duas vezes, primeiro em sua forma estatal e logo, mais importante ainda, em sua forma econômico-social. A visão estratégica bolchevique requeria uma dupla negação dialética, ambas inextricavelmente determinadas uma pela outra: a destruição do velho, simultânea à construção do novo. Por um lado, seu processo revolucionário devia levar ao desmantelamento dos aparatos do poder estatal burguês e à sua substituição por novas formas comuns de agenciamento político. Por outro lado, para isso deveria desenvolver a base material para essa sociedade comunista. Porém, as realidades e necessidades imediatas ao término da quase eclosão de uma guerra civil e intervenção estrangeira foram encurralando o processo revolucionário em direção ao que se conheceu como um comunismo de guerra. Também contribuíram como um obstáculo à perspectiva "etapista" ou evolucionista do devir histórico, que assumia como ponto de partida inescapável as formas capitalistas de produção social. Com a implantação do Novo Plano Econômico em 1921, reintroduzir-se com desgosto as formas econômicas e jurídicas capitalistas com o propósito de impulsionar um processo rápido de acumulação primitiva que tiraria o país de sua crise e lhe permitiria decolar seu desenvolvimento. Entretanto, ali estaria a semente de toda uma série de desvios que foram se produzindo no turno inicial também, os quais acabaram por enterrar pouco a pouco o mais importante acontecimento revolucionário do século XX, que deve estar celebrando neste ano de 2017 seu primeiro século de vida.

Assim, já é hora de o marxismo deixar para trás este fetichismo do Estado e do direito que o incapacita para aprender com os erros passados, tanto de perspectivas como de práticas, e descobrir as linhas de fuga que já se acham em Marx, Pachukanis e outros, combinado com a constelação de experiências de exercício de um outro poder constitutivo, de uma governança e de uma normatividade enraizados na forma de unidade ou comunal. É preciso deixar de uma vez por todas a ilusão sobre a alegada autonomia relativa do Estado e do direito como formas de estruturação e subjetividade a partir das quais alegadamente pode-se transformar de forma radical a sociedade para além do capitalismo. Em particular, é imperativo aprender a dialética compreensiva entre as relações econômicas e jurídicas, a qual não deixa lugar para ilusões reformistas se nos atenermos à experiência. A economia política do capital constitui a matriz dessas formas burguesas de política e do direito, assim como sua razão de ser. A partir dessa perspectiva, a forma e a substância são inseparáveis, por mais que se insista em separá-las.

Se atualmente o movimento real da história voltou a pôr sobre a mesa a opção socializante, comunizante ou comunal, seja de raiz marxista ou indígena, isso não é uma repetição ideológica do passado ou mera ideia reguladora kantiana, mas algo que demonstrou ser dialeticamente imanente às relações sociais inseridas no capitalismo. Marx se referiu ao comunismo como o movimento da história, "sua gestação real – o nascimento de sua existência empírica – e, para sua consciência pensante, como o movimento compreendido e conhecido de seu devir".[57]

O marxismo foi indubitavelmente a mais formidável desconstrução estratégica da grande narrativa capitalista. Segundo Oscar Correas, o marxismo, enquanto corpo teórico, é "a maior e melhor tentativa feita pela inteligência humana para explicar como funciona o capitalismo e como se pode destituí-lo para fundar uma sociedade comunitária".[58] O marxismo provou ser insuperável como uma teoria sobre o capitalismo, suas lógicas expansivas de exploração e acumulação e, sobretudo, sua tendência inerente à crise, tal qual a que a economia capitalista esteve experimentando desde 2008. Quanto às perspectivas não marxistas e às chamadas pós-marxistas, provaram estar silentes ou ser incapazes de explicar o que está na raiz de tal crise e de entender a necessidade histórica de desenvolver modos alternativos de existência coletiva à luz das contradições insuperáveis da economia-mundo capitalista. Para isso, não há outra alternativa do que empreender o desenvolvimento de uma nova economia política do comum, com seus correspondentes fundamentos normativos comprometidos com o desenvolvimento das condições materiais e subjetivas do novo que já surge como possibilidade real.

Enfim, não podemos perder de perspectiva que o mais importante objetivo do pensamento marxista não é a mera obtenção

---

57 MARX, Karl. "Propriedade Privada e Comunismo". *Manuscritos Econômico-Filosóficos*. São Paulo: Boitempo, 2008, p. 105
58 FERREIRA, Eder. "Entrevista a Oscar Correas". *Revista Jurídica Direito & Realidade*, 1 (1): 34, jan.-jun. 2011.

de uma melhor compreensão da realidade, mas a transformação revolucionária desta. Assim, é preciso seguir aperfeiçoando nossas miras teóricas e práticas para que estejam em sintonia com as novas revelações do movimento real. Necessitamos ir além de um mero diagnóstico da situação presente para identificar o novo que irrompe a partir das fissuras do que é velho. Trata-se de estabelecer um novo marco teórico e prático baseado nas experiências de governo e de produção normativa autônomas que têm sua raiz no comum, incluindo as experiências diversas que integram o que hoje se chama por novo constitucionalismo de Nossa América. É ali que radica a possibilidade real de uma verdadeira ruptura paradigmática com o Estado burguês e seu direito. Para isso é preciso desconstruir e desfetichizar conceitos e categorias prevalecentes, além de criar novos constructos teóricos e proposições afirmativas que refletem mais fielmente esse processo social constitutivo em toda sua rica pluralidade. Sobretudo, é necessário compreender as implicações estratégicas da aposta marxiana em favor das possibilidades revolucionárias da forma comunidade ou comunal, deixando de lado, definitivamente, essa cruz que constituiu a maldita e muitas vezes errada, compreensão eurocêntrica de nossas realidades.

3
O *ESTADO DE FATO*[1]

A guerra e o uso da força se converteram no mundo contemporâneo, com uma contundência inescapável, no fundamento final da política e do direito, particularmente entre os Estados capitalistas. A guerra, seja imperial ou de classes, e as ações que lhe são próprias, cobram, hoje mais do que nunca, uma natureza constituinte que vai definindo nossa compreensão tanto sobre a política como sobre o direito. Seja a guerra e a posterior ocupação do Iraque; seja a guerra social e a condição de falta de segurança pública que de fato se vive em muitos de nossos países; seja a ordem econômico-política de batalha que parece surgir por entre a fumaça deixada pela crise atual do capital, desatada inicialmente em Wall Street, com sérias repercussões sobre o resto da chamada economia global; ou, sejam os processos de refundação constitucional que foram

---
1 O presente capítulo é uma versão editada da conferência magna intitulada originalmente: "Derecho y democracia en los tiempos del Estado de hecho" ("Direito e democracia nos tempos do Estado de fato"), proferida pelo autor em dezembro de 2008 no marco da III Conferência Latinoamericana de Crítica Jurídica, no Centro de Pesquisas Interdisciplinares em Ciências e Humanidades, Universidade Nacional Autônoma de México, Cidade do México. Ver a revista *Crítica Jurídica*, 32, Universidade Nacional Autônoma de México (Cidade do México).

protagonizados na Venezuela, Bolívia e Equador; é evidente que a ordem jurídica de nossos tempos é, acima de tudo, o resultado da efetividade local de um conjunto de atos e fatos de natureza estratégica, ou seja, de poder. Normativamente falando, no mundo contemporâneo o fato fala com mais força que o direito. Em qualquer lugar, o *Estado de fato* se sobrepôs ao Estado de Direito.

A guerra do Iraque pôs fim ao direito internacional nascido no calor do modelo westfaliano com a igualdade soberana dos estados-nações,[2] ao menos formalmente; se bem que, no plano material, a chamada igualdade nunca passou de um reflexo por trás do qual sempre se ocultava o balanço real de forças como fator determinante.[3] A militarização da resposta estatal à insubordinação social e política que surgiu de formas variadas em diversos lugares contribuiu para a desvalorização crescente do Estado de Direito.[4] Para Milton Friedman, o tão falado *rule of law*

---

[2] Sobre o particular, ver HARDT, Michael; NEGRI, Antonio Negri. *Imperio*. Barcelona: Paidós, 2002, p. 21-36.

[3] Ver, a respeito, PACHUKANIS, Evgeni. "International Law". *Encyclopaedia of State and Law*. Moscou: Communist Academy, 1925-27. Este artigo é reunido também na excelente obra de MIEVILLE, China. *Between Equal Rights: a Marxist Theory of International Law*. Leiden: Brill-Martinus Nijhoff, 2005, p. 321-335. Ambos os autores partem da ideia de Marx de que "entre direitos iguais, decide a força".

[4] "Estado de Direito e o Estado submetido ao direito, ou melhor, o Estado cujo poder e atividade vêm regulados e controlados pela lei; o Estado de Direito consiste assim, fundamentalmente, no 'império da lei', direito e lei entendidos como expressão da 'vontade geral'". DÍAZ, Elías. *Estado de Derecho y Sociedad Democrática*. Madri: EDICUSA, 1966, p. 7. Para Michel Foucault, o Estado de Direito se define, em primeiro lugar, como "um Estado no qual os atos do poder público não podem ter valor senão mediante leis que os limitem de antemão. O poder público atua no marco da lei e não pode atuar senão no marco da lei. Então, não poderá ser o soberano, a vontade do soberano, o princípio e a origem de seu caráter coercitivo. Seria a forma da lei". Em segundo lugar, "no Estado de Direito há uma diferença de natureza, uma diferença de fato, uma diferença de origem entre as leis, que são as medidas gerais de validade universal e em si mesmas constituem atos de soberania, e as decisões particulares do poder público. Em outras palavras, um Estado de direito é um Estado no qual se distinguem, em seu princípio, seus efeitos e sua validade, as disposições legais por uma parte expressão da soberania, e as medidas administrativas por outra". FOUCAULT, Michél. *Nacimiento de la Biopolítica*. Buenos Aires: Fondo de Cultura Econômica, 2007, p. 202-203. Ver também Gustavo Zagrebelsky, para quem Estado de Direito é o 'Estado sob o regime do direito", sendo o qual a lei constitui o "ato

é necessário para legitimar o processo de privatização do neoliberalismo, para que não pareça o que ao fim e ao cabo é de fato: um processo de despossessão. Nesse sentido, também se pode argumentar que o Estado de Direito é por sua vez uma ordem civil de batalha que existe hoje entre as classes sociais, algumas dominantes e outras subalternas. Daí que sua sujeição cada vez mais aberta e direta ao *Estado de fato* do capital serviu para diminuir a centralidade formal dos direitos de cidadania em favor da constituição de um Estado de Direito policial (*Polizeistaat*),[5] ou Estado de Controle, fundado na segurança e no controle das mentes e corpos como valores preeminentes. Neste último caso, nos referimos a esse fenômeno relativamente recente do biopoder que é substancial do novo paradigma do direito. É uma forma de poder que rege e regulamenta a vida social de dentro de cada um de nós. É a lógica derradeira do Estado neoliberal: a existência de um estado de guerra permanente, aberta e encoberta, para a submissão de todo foco de oposição, seja externa ou internamente. Dessa forma, a repressão e o enclausuramento se instituem como estratégias de controle absoluto. Com este, se pretende submeter toda a sociedade, sem possibilidade de escape, às lógicas normativas do capital. Por sua vez, toda a vida, social e individual, fica

---

normativo supremo e irresistível, ao qual, a princípio, não é oponível nenhum direito mais forte, quaisquer que sejam sua forma e fundamentos: nem o poder de exceção do rei e de sua administração, em nome de uma 'razão de Estado' superior". ZAGREBELSKY, Gustavo. *El Derecho Dúctil*. Madri: Trotta, 1995, p. 21-24.

5 "O que se entende por *Polizeistaat*, Estado de polícia? Entende-se por isso um sistema no qual não há diferença de natureza, origem, validade e, por consequência, tampouco de diferença de efeito entre, por um lado, as prescrições gerais e permanentes do poder público – em linhas gerais, se se quer, o que chamaríamos a lei – e, por outro, as decisões conjunturais, transitórias, locais, individuais desse mesmo poder público: o nível do regulamento, para dizê-lo de algum modo. O Estado de polícia é o que estabelece um contínuo administrativo que, da lei geral à medida particular, faz do poder público e das ordens emitidas por este um único e mesmo princípio e lhe outorga um único e mesmo tipo de valor coercitivo". FOUCAULT, Michel. *Nacimiento de la Biopolítica*. Buenos Aires: Fondo de Cultura Econômica, 2007, p. 202.

condicionada, sem remédio, neste marco de relações estratégicas de dominação e contestação. Já não há um "fora" do capital, mesmo para a sua contestação. Disso se trata, em última instância, a subsunção real de toda a vida sob os requerimentos do capital.[6]

Constituída em espaço ampliado de produção social, no qual tudo foi invadido pelos insaciáveis desígnios do capital, incluindo, entre outras coisas, a saúde e a educação, além de serviços indispensáveis como água e eletricidade, a sociedade se transforma em um espaço da mais absoluta indeterminação jurídica, isto é, um lugar sujeito absolutamente à razão de Estado – como um lacaio grosseiro do capital – no qual o indivíduo está desprovido de suas liberdades fundamentais. Fazer da sociedade inteira um campo de concentração como Guantánamo no qual se possa realizar o mais absoluto controle da vida humana: essa é a lógica inescapável da atual razão do Estado inserido no neoliberalismo, segundo a qual os fatos de força prevalecem sobre as questões de direito. Redefinidas assim, as relações de poder, a prisão, os centros secretos de detenção e interrogatório e o campo de concentração integram o espaço ampliado de dominação que se abre quando o estado de exceção se constitui em regra, em função do estado de guerra permanente. O filósofo italiano Giorgio Agamben qualifica, por exemplo, este campo como a matriz oculta do espaço político-jurídico atual.[7] Nele se produz uma simbiose fatal entre o direito – essa concepção por si mesma limitada de liberdade, segundo a interpretação interessada do Estado – e o poder bruto e absoluto do governante. A partir disso, o governante, incluindo seu braço judicial, está acima da lei e

---

6 Ver, a respeito, HARDT, Michael; NEGRI, Antonio. *Commonwealth*. Cambridge: Harvard University Press, 2009, p. 3-54.
7 AGAMBEN, Giorgio. *Homo Sacer: Sovereign Power and Bare Life*. Stanford: Stanford University Press, 1998, p. 166.

mais longe do crime: ambos, de agora em diante, serão o que ele disser.

Deve-se resistir à dominação em qualquer uma de suas formas, o indivíduo agora está obrigado a fazê-lo sem as garantias costumeiras dos direitos fundamentais, tais como o *habeas corpus*, a livre expressão ou o direito de associação. Estes assumiram a forma de meras permissões, sujeitos à discricionariedade política do governo. Forçados a obedecer aos efeitos abusivos de tais fatos nus de força, protagonizados pelas autoridades governamentais, as quais lhes atribuem arbitrariamente efeitos legais, fomos reduzidos ao que se qualificou como a *vida nua*. De sujeitos de direito passamos a ser sujeitos criminalizados, condenados a levar nossa existência suspeita ou culpável – o que dá no mesmo – em carne viva. Dessa forma, para o capital já não interessa a regulação social a partir do direito, e sim a regulação social de toda a vida, o mais diretamente possível, em todas as suas manifestações. E um poder que tem a regulação do sujeito vivo como ser concreto e real já não encontra respaldo na forma prevalecente de normatividade, devido a sua abstração, mas necessita se apoiar em um modo não jurídico de regulação que facilite a submissão absoluta, seja por necessidade ou por temor.

Ora, a crise atual pela qual passa o capital dá testemunho eloquente dos limites inevitáveis do mercado como fonte material do direito (*lex mercatória*). A crise de Wall Street que imediatamente se estendeu sobre toda a economia global foi descrita por destacados economistas, como o Nobel Joseph Stiglitz, como o equivalente para o capitalismo do que a queda do Muro de Berlim foi para o socialismo real europeu. O mercado se deslegitimou como fonte material de prescrições políticas e jurídicas, tendo demonstrado novamente, como o fez no começo do século XX, que é incapaz de qualquer sensibilidade ética sobre o bem comum.

A eficácia como critério de legitimação[8] em substituição à primazia ou força da lei, nos levou, crescentemente, para todos os fins práticos, a um Estado de anomia, isto é, a um Estado caracterizado pela ausência de regulações centrais em função do bem-estar geral. Essa anomia se põe ante um Estado relativamente desprovido de qualquer ordem normativa ou, em todo caso, um espaço dentro do qual se conjuga uma diversidade de processos de luta autogestionada de normas e axiologias contraditórias, tanto dentro como além dos limites tradicionais da esfera estatal. Neste último caso, a anomia é o resultado da existência de um pluralismo jurídico, integrado por uma multiplicidade de formas de produção normativa orientada cada vez mais em torno da autodeterminação e da diferença ou do particularismo local e, por consequência, da ausência de uma ordem normativa unitária com validade *erga omnes*. O pluralismo jurídico se refere hoje em potência às relações entre sujeitos singulares, autodeterminados, como parte de uma comunidade dada, que responde a uma razão ou vontade compartilhada, fruto de um consenso. A soberania já não se reduz a um referencial territorial centrado no Estado-nação – transcendente em relação ao sujeito político, vivo e concreto – mas se socializou, se fazendo difusa, fluida e divergente, da mesma forma que o poder e o discurso social nestes tempos. Redimensiona-se a soberania a partir deste novo sujeito político descentrado e autodeterminado. O velho provérbio romano "*ubi societas, ibi ius*" adquire um

---

8 A eficácia constitui o critério preferido nestes tempos em que a economia política neoliberal tomou o lugar do direito como discurso de justificação do atos governamentais. A esa política não interesa, como ao direito, se uma norma é legítima ou ilegítima, senão quais são seus efeitos. Aplicado às práticas governamentais, representa uma nova *ratio* utilitária em função de se a norma é exitosa ou não para certos fins que lhe são alegadamente substanciais ou naturais do mercado. A razão de Estado passa a ser entendida a partir da razão do mercado. Impõem-se limitações de fato e não de direito às práticas de governo. Sobre este tema, ver FOUCAULT, Michel. *Nacimiento de la Biopolítica*. Buenos Aires: Fondo de Cultura Econômica, 2007, p. 26-35.

sentido novo e mais direto.⁹ O México é hoje, talvez, um dos melhores exemplos do que foi exposto. Por outra parte, o novo constitucionalismo que é protagonizado por Nossa América vai evidenciando a crescente desmistificação e extrapolação da forma jurídica, produto da socialização, politização e moralização progressiva do fenômeno da regulação social na consciência popular e da consequente potencialização democrática radical de um poder constituinte que não se reduz ao poder constituído. É evidente que, se todas as mediações entre o direito e a sociedade foram rompidas, é porque sob o Estado neoliberal ambos se compenetraram até se fazerem praticamente indistinguíveis. A restauração do poder quase absoluto da classe capitalista, o fim último do modelo neoliberal, teve sucesso somente na medida em que essa classe absorveu a superestrutura jurídico-política no próprio âmbito da estrutura e do processo social de produção, apagando, assim, não apenas os avanços sociais conquistados pelas classes subalternas sob o Estado de Direito, mas também as fronteiras – ao menos as aparentes – entre o jurídico-político e o econômico-social. A subsunção real resultante do fato de toda a vida estar sob o capital e a consequente reprivatização selvagem do direito assentaram as bases para o surgimento do *Estado de fato* como forma preferida do Estado neoliberal. A pré-condição essencial para o cumprimento da função legitimadora do Estado de Direito, com todas suas limitações históricas e ideológicas, era que este ao menos se projetasse de forma independente do contexto estratégico prevalecente. Entretanto, quando se torna transparente a equivalência entre o direito e o poder da classe capitalista, como ocorre sob o neoliberalismo, o caráter do direito como instrumento de dominação classista fica despido.

---

9 Sobre o tema do pluralismo jurídico no meio de uma crescente autonomia social, ver TEUBNER, Gunther. "The Two Faces of Janus: Rethinking Legal Pluralism". *In:* TUORI, Kaarlo; BANKOWSKI, Zenon; UUSITALO, Jyrki (ed.). *Law and Power*. Liverpool: Deborah Charles, 1997, p. 119-140.

A constituição material da sociedade contemporânea, quer dizer, o âmbito histórico social das relações de poder constituídas, vai suplantando progressivamente a constituição formal, na medida em que seu conteúdo estritamente jurídico (lógico-formal) deixa já de refletir as novas realidades das relações sociais de produção e troca, assim como as relações de poder em geral. Como já foi mencionado, durante as três décadas passadas fomos testemunhas da passagem do Estado de Direito (*Rechtsstaat*) ao Estado de fato, como um Estado de necessidade ou regime fundado na força, ou seja, em relações estratégicas, enfim, relações de poder (*Machtstaat*). Para Giorgio Agamben, vivemos sob um Estado de exceção[10] que está redefinindo tanto o Estado quanto o direito como se conhecia na modernidade capitalista. Pois bem, segundo Antônio Negri, tal Estado de exceção é, de fato, a realidade material de sempre da ordem constitucional liberal. Tanto Agamben como Negri terncem a concordar que estamos presenciando uma reconfiguração teórica e prática do Estado e do direito que, para todos os propósitos, torna impossível que se ignore a articulação material entre estes e a vida, entre os fatos e as normas, o poder constituinte e o poder constituído. Sua dimensão material estratégica transcendeu seu aspecto lógico-formal. O direito não existe mais apenas dentro de si mesmo, mas também e sobretudo, ocupa crescentemente um lugar de fora que é expressão da vida mesma. Além do direito estatal temos a presença sempre determinante do direito vivo da sociedade ou de uma normatividade social que não é mediada pelo Estado. É que o Estado burguês acaba sendo sempre, em última instância, um *Estado de fato* que se oculta por detrás do Estado de Direito ou do Estado de exceção.

---

10 AGAMBEN, Giorgio. *Estado de Exceção*. São Paulo: Boitempo, 2004.
11 NEGRI, Antonio. *La Fábrica de Porcelana: una Nueva Gramática de la Política*. Barcelona: Paidós, 2006, p. 154.

Para Negri, o *Estado de exceção* é interior ao Estado de Direito burguês: "O direito de exceção já não pode ser considerado como um mecanismo que prolonga a organização jurídica do Estado e a organização social de cidadãos e que está unido a simples brutalidade das relações de força, que intervém como algo vindo *do exterior*. Por outro lado, neste caso, não se trata nem de uma ruptura, nem de um dispositivo contínuo e coerente que intervém partindo de dentro do próprio sistema (vindo de cima, certamente, mas sempre de dentro) com a finalidade de bloquear a espontaneidade e a força dos movimentos democráticos".[12]

Talvez o direito tenha chegado a um ponto sem retorno em que será impossível restabelecer a racionalidade jurídica precedente, com suas conhecidas ficções e mistificações. O direito moderno pode ser em parte pura retórica, isto é, um projeto incompleto por necessidade de uma materialização efetiva para todos. O que não pode, certamente, é ser reduzido, totalmente, à pura retórica, se pretende manter sua pertinência e legitimação. Talvez o direito, tal como o conhecemos, até agora sob a modernidade, já não funcione pois deixou de garantir a governabilidade do concreto. A crise de legitimação do Estado e do direito modernos é uma expressão da obsolescência de suas formas concretas e historicamente determinadas em sua relação com a própria vida. Como expressou Jacques Derrida, a sociedade contemporânea tem hoje o desafio de explorar novas formas de Estado e de direito em um contexto social e político em que ambos deixaram de ser fatores determinantes absolutos.[13]

Para Michel Foucault, o direito nunca foi um fenômeno unitário, mas um complexo de práticas, discursos e instituições.

---

12 *Id., Ibid.*
13 DERRIDA, Jacques. *Specters of Marx.* Nova Iorque: Routledge, 1994, p. 94. CAIN, Maureen. "Gramsci, the State and the Place of Law". *In:* SUGARMAN, David (ed.). *Legality, Ideology and the State.* Londres: Academic Press, 1983, p. 102-103.

Isto teve como consequência uma mudança na forma do direito, passando este da forma estritamente jurídica, como lei, à forma de atos político-estratégicos, revestidos de eficácia tática, em relação a governabilidade da sociedade. A lei, como tal, perdeu efetividade e, assim, sua importância. Perdeu toda capacidade para encobrir a ordem de batalha que é a sociedade civil e para legitimar as relações de dominação e opressão.

Para o filósofo francês, "é parte do destino do direito absorver pouco a pouco elementos que lhe são alheios". É que a forma moderna do jurídico é crescentemente incapaz de codificar as novas relações de poder, de representá-las adequadamente, devido, dentre outras coisas, ao estreito âmbito disciplinar a que pretende se reduzir seu saber e suas práticas. Daí vem a necessidade de que o direito assuma uma forma nova como processo normativo que transborda a forma do Estado-nação soberano, que esteja livre "de toda relação de submissão", que tenha intempérie as lutas reais de que é o resultado e calcule as múltiplas perspectivas singulares que se manifestam através dessa trincheira da ordem de batalha civil que se expressa por meio do direito, da normatividade social – quer seja originada pelo mercado ou pela comunicação – e cujo objeto é, dependendo de quem se trate, a autorregulação ou a autodeterminação. Enfim, como qualquer outra relação social e de poder, a jurídica está sujeita hoje a mudanças paradigmáticas em sua forma.[14]

Talvez, tenhamos que advertir, a partir das ideias de Antonio Gramsci, que os processos prescritivos de normas, assim como as práticas encaminhadas para assegurar seu cumprimento, permeiam toda a sociedade civil como cenário predileto da história social.[15] Como tal, é na sociedade civil que se encena a luta perene

---

[14] Ver HUNT, Alan; WICKHAM, Gary. *Foucault and Law: Towards a Sociology of Law as Governance*. Londres: Pluto, 1994, p. 56-58.

[15] CAIN, Maureen. "Gramsci, the State and the Place of Law". *In:* SUGARMAN, David (ed.) *Legality, Ideology and the State*. Londres: Academic Press, 1983, p. 102-103.

para alcançar um posicionamento estratégico que permita a criação de normas sociais autorizativas e a reivindicação de direitos, sobretudo, em tempos caracterizados pela incapacidade e falta de legitimidade crescente do governo, tanto em seu ramo legislativo como no judicial, sem falar do executivo. Nesse sentido, o direito não constitui uma prerrogativa exclusiva do Estado. É por necessidade, como propõe Gramsci, que a sociedade civil se erige como cenário alternativo de luta para a criação de uma outra ordem normativa, comprometida com outros fins éticos centrados no bem comum, partindo de uma esfera ampliada do público, a qual transcende, por necessidade, o Estado.

Marx advertiu bem: o direito não tem uma realidade e uma história próprias. É a sociedade civil o verdadeiro "lar e cenário de toda a história". Acrescentou: "quão absurda é a concepção histórica anterior que, se omitindo das relações reais, só olha, com sua limitação, as ações ressonantes dos chefes e do Estado".[16] O direito foi até agora uma forma mitificada de uma relação social específica, historicamente determinada e variante: o processo social de produção e troca de mercadorias. O que é específico da relação jurídica, então, se acha naquela relação social e de poder *sui generis* da qual a forma jurídica é essencialmente reflexo. O fenômeno jurídico, então, corresponde, em última instância, à lógica de ditas relações sociais e não às determinações das autoridades estatais. O poder do Estado poderá conferir claridade e estabilidade à estrutura jurídica, mas não cria suas premissas. É a ação social e não o direito como norma que é o marco constitutivo do direito.[17]

---

16   MARX, Karl; ENGELS, Friedrich. *La Ideología Alemana*. Montevidéu: Pueblo Unido, 1971, p. 38.
17   Precisamente, o ilusionismo ou reificação do jurídico é o reflexo do fetichismo da mercadoria, isto é, a existência aparentemente autônoma do direito frente à realidade social é um reflexo da existência aparentemente independente das mercadorias em relação aos seus produtores. O fetichismo é, então, uma relação social entre pessoas que parece, bem mais, ser entre objetos. As pessoas ficam reduzidas a meros objetos.

É dessa forma que os atos sociais, econômicos e políticos e sua efetividade concreta na determinação das coordenadas da esfera jurídica constituem o verdadeiro critério de legitimação sobretudo à luz da crescente incapacitação e corrupção do Estado para atender as necessidades concretas e complexas da sociedade atual. Por exemplo, o direito legislativo perdeu sua centralidade. Tornou-se periférico. Por outro lado, os processos judiciais se tornaram cada dia mais custosos e se viram permeados crescentemente de uma inclinação marcadamente classista, favorável aos interesses do capital.[18] A sociedade civil é agora não apenas o cenário principal da luta de classes, mas também dos processos de prescrição normativa. As fronteiras espaciais da produção de normas transbordaram o Estado, a vida da regulação social está crescentemente em outra parte.

Durante as três décadas passadas, houve concretamente, duas fontes materiais decisivas do direito, que, sob a racionalidade anterior, são consideradas informais ou não oficiais por serem alheias ao Estado-nação clássico. A primeira delas é o mercado, o qual, segundo os sociólogos Pierre Bourdieu e Zigmunt Bauman, desempenhou um papel hegemônico na determinação da agenda política da sociedade contemporânea.[19] Entretanto, o neoliberalismo como um modelo de "acumulação por expropriação", segundo definição de David Harvey,[20] nos levou a um estado de conflito e guerra permanente, na forma do Estado de exceção previamente enunciado. A "onicrise" que se desencadeou parece apontar, como possibilidade histórica real, o fim de sua hegemonia incontestada. A era da subsunção real parece expor o sistema capitalista aos seus limites extremos, ante a lógica de sua reprodução ampliada, grosseiramente excludente

---

18 HARVEY, David. *A Brief History of Neoliberalism*. Oxford: Oxford University Press, 2005, p. 78.
19 Ver por exemplo, BAUMAN, Zygmunt. *En Busca de la Política*. Buenos Aires: Fondo de Cultura Económica, 2006 p. 82-83.
20 HARVEY, David, *op. cit.*, p. 159.

das necessidades e aspirações da imensa maioria da sociedade contemporânea.

Pois bem, além do mercado, houve outra fonte material de normatividade alternativa emergente, procedente do âmbito comunitário e representada pelo que se veio a chamar por *movimento de movimentos*. Seu poder constitutivo provém de ações de resistência e desobediência civil que, em termos gerais, se negam a reconhecer a legitimidade da autoridade estatal. Em troca, validam somente aquela legitimidade que tem o soberano popular como sua fonte material. A crise de legitimidade do Estado e do direito corresponde à efetividade de uma luta difusa que necessita superar o poder dominante do capital em todas suas manifestações. Trata-se de lutas particulares que buscam, como bem pontua John Holloway, "um caminho alternativo" além da forma Estado. Assinala a respeito: "As formas capitalistas não são neutras. São formas fetichizadas e fetichizantes: formas que negam nosso fazer, formas que tratam as relações sociais como coisas, formas que impõem estruturas hierárquicas, formas que tornam impossível expressar nosso simples repúdio, nosso NÃO ao capitalismo".[21] Assim, segundo Holloway: "Todas essas rebeldias e insubordinações estão caracterizadas por um impulso para a autodeterminação, um impulso que diz 'NÃO', vocês não vão dizer o que temos que fazer, nós mesmos vamos decidir o que temos que fazer ou o que queremos fazer".[22]

De sua parte, Agamben afirma que, historicamente falando, o *movimento*, como forma de participação política, isola o Estado e as organizações partidárias que o sustentam, constitui a expressão soberana das forças dinâmicas da sociedade em contraposição aos defensores da ordem estabelecida, os que pretendem

---

21 HOLLOWAY, John. "La Lucha de Clases es Asimétrica". Disponível em: http://www.lafogata.org/holloway/h.17.2.htm. Acesso em 19 nov. 2018.
22 *Id*. "Cambiar el Mundo sin Tomar el Poder". Disponível em: https://ilusionismosocial.org/pluginfile.php/601/mod_resource/content/3/cambiar-el-mundo-el-poder-1275850.pdf. Acesso em 19 nov. 2018.

limitar a soberania ao Estado e seus representantes. Para Marx e Engels, o *movimento* tem ido, através da história, o elemento político real. Por exemplo a ambos sempre interessou "o movimento real que anula e supera o estado de coisas atual" mais que as propostas ideológicas divorciadas das condições empíricas necessárias para sua viabilização. Só mediante esse "movimento real" é que se pode expressar a mudança que a realidade contém em potência e que é a manifestação do que o filósofo político argentino Enrique Dussel chama por *vontade-de-viver* do povo. Em grande medida, essa vontade de vida encarnou nisso o que chamamos hoje de *movimento de movimentos*, como expressão defluente dessa multiplicidade de lutas singulares que vão reconstruindo o sentido do comum sob a forma de uma práxis livre e não de um efeito controlado ou ação dirigida com apego a paradigmas historicamente obsoletos. No exercício do comum está a nova base da democracia como governo de cada um conforme uma razão ou um bem comum, através de todos. No comum está o novo fundamento desse outro direito ou normatividade que vai se forjando de baixo para cima, partindo das próprias entranhas de nosso modo de vida presente.

A multidão de explorados constitui, nesse sentido, um novo dispositivo de poder, quer dizer, uma rede estratégica, que aspira ativamente a se autodeterminar, tanto como produtores, cidadãos, e sobretudo, seres humanos. É nisso que se radica precisamente o valor do poder constituinte. Constitui uma força impetuosa e expansiva que, como diz Negri, "irrompe, destrói, interrompe, desloca todo o equilíbrio preexistente e toda continuidade possível".[23] Como tal, constitui um fato potencializador da democracia como do governo do povo, pelo povo e para o povo. Diz o filosofo político italiano: "O poder constituinte é a capacidade de renovação da estrutura pública dos poderes,

---

23 NEGRI, Antonio. *El Poder Constituyente*. Madri: Libertarias/Prodhufi, 1994, p. 25.

da capacidade de proposição e de afirmação de novas dimensões públicas na distribuição desses poderes, uma inovação radical da constituição formal a partir da reformulação radical da constituição material".[24] Contrário à limitante concepção liberal que comumente existe em certos círculos, o poder constituinte está situado, nesse sentido, acima do Estado e do direito, pois como poder originário sua ação fundamental é ininterrupta. O exercício do poder constituinte é o exercício do comum. O poder constituinte é o poder de decidir, para determinar e instituir o novo.

Assim, nos deparamos com o desafio de desenrolar o nó problemático constituído pela natureza dual e pela ambiguidade constitutiva do direito que "parece sempre estar ao mesmo tempo fora e dentro de si mesmo", como bem aponta Agamben, ou seja, experiência e norma, cada qual à sua vez,[25] assim como o resultado de expressões coletivas de autodeterminação e empoderamento normativo. Não se pode reduzir a normatividade social à sua função estritamente regulatória, ou seja, como obrigação, mas ela deve também materializar expressamente sua função emancipatória, como autodeterminação. Sendo o *Estado de fato* atual o lugar onde essa ambiguidade emerge totalmente e com força inusitada, consequentemente estamos imersos no que prefiro qualificar como uma verdadeira guerra civil normativa cujo resultado será a reconfiguração das categorias, formas e ordenações atuais da regulação social.

Lyotard tem razão quando adverte que o futuro será dos produtores de novos saberes e sentidos, assim como daqueles que, a partir disso, decidam constituir uma nova direção para o nosso modo de vida. Fica claro que a forma legal por si mesma já não é suficiente para reestabelecer uma ordem normativa legítima

---

24   Id. *La Fábrica de Porcelana: una Nueva Gramatica de la Política*. Barcelona: Paidós, 2006, p. 150.
25   AGAMBEN, Giorgio. *Estado de Excepción*. Buenos Aires: Adriana Hidalgo, 2007, p. 13-26.

sob a qual a justiça e o bem comum sejam valores éticos centrais e imprescindíveis. Dessa forma, a possibilidade de transcender os fracassos do Estado de Direito moderno, assim como do *Estado de fato* pós-moderno e neoliberal, recai na construção de um Estado de Justiça ou, mais precisamente, uma Comunidade de Justiça como imperativo ético-político pós-capitalista.²⁶ E aí proposto o desafio de explicar novas formas de governança e normatividade a partir de um espaço social que o Estado e o direito já não dominam absoluta e burocraticamente e que, ao fim e ao cabo, nunca realmente dominaram por si mesmos.²⁷

Em termos práticos e retomando velhas aspirações utópicas (ou seja, ideais apontadas na potência real de mudança que comportam empiricamente as circunstâncias histórico-sociais, talvez reencontremos o rumo em direção à realização daquele velho sonho de Marx e Engels que iluminou as esperanças de não poucas gerações: a desaparição gradual do Estado como forma de dominação. Na medida em que Estado e sociedade, sociedade política e sociedade civil se confundem, o Estado como até agora o conhecemos se dilui até desaparecer. Em sua obra *Do Socialismo Utópico ao Socialismo Científico*, Friedrich Engels nos diz: "Quando o Estado finalmente se converter em representante efetivo de toda a sociedade será por si mesmo supérfluo".²⁸ E já tinha advertido também em sua carta a A. Bebel de 1875: a superação histórica do Estado é em direção ao desenvolvimento alternativo da comunidade como nova e decisiva fonte material de governança e normatividade.²⁹

---

26 Ver, por exemplo, MORELLO, Augusto M. *El Estado de Justicia*. La Plata: Platense, 2003.
27 DERRIDA, Jacques. *Specters of Marx*. Nova Iorque: Routledge, 1994, p. 94.
28 ENGELS, Friedrich. "Del Socialismo Utópico al Socialismo Científico". In: MARX, Karl; ENGELS, Friedrich. *Obras Escogidas*. Moscou: Progreso, 1955, p. 455.
29 *Id*. [*Carta*] 18-28 mar. 1875, Londres [para] BEBEL, August.

4
COMUNISMO E DIREITO: REFLEXÕES SOBRE A CRISE ATUAL DA FORMA JURÍDICA[1]

Existe uma teoria marxista ou comunista do direito? Segundo Hans Kelsen, "as tentativas de desenvolver uma teoria do direito sobre a base da interpretação econômica da sociedade feita por Marx fracassaram por completo". A razão para tal, segundo ele, é a tendência a substituir a norma, como foco primordial de atenção, pelas condições histórico-sociais a partir das quais se articula o sistema normativo.[2] A teoria jurídica soviética é desqualificada por Kelsen como expressão de "uma vergonhosa decadência", que se reduz a "uma ciência social que não é capaz de se emancipar da política".[3]

Norberto Bobbio nos assinala que, em seus anos de juventude, Karl Marx dedica apenas algumas linhas ao tema jurídico, e como crítica do direito burguês, já em seus anos de maturidade

---
[1] Este capítulo baseia-se em uma apresentação realizada pelo autor na Terceira Jornada da VII Conferência Latino-americana de Crítica Jurídica, celebrada entre 16-19 out. 2012, na Universidade Federal de Santa Catarina, Florianópolis, Santa Catarina, Brasil.
[2] KELSEN, Hans. *Teoría Comunista del Derecho y el Estado*. Buenos Aires: EMECÉ, 1957, p. 275.
[3] *Ibid.*, p. 14.

volta a abordá-lo, ainda que de forma parcial e fragmentada, através de seu tratamento da economia política, da qual o direito é parte. Entretanto, isso não é suficiente para reconhecer a existência de uma teoria sistemática nas ideias de Marx sobre o direito. Nesse sentido, "uma verdadeira e própria teoria marxista do direito não existe ainda". Em todo caso, poderia se falar da existência de uma teoria da justiça, ainda que de "escassa originalidade".[4]

Para Renato Treves, Marx fez algumas importantes contribuições à teoria sociológica do direito: ter colocado o direito em relação ao conflito social; tê-lo relacionado com a existência de uma sociedade dividida em classes; ter previsto a sua extinção em uma sociedade sem classes, entre outras.[5]

Por sua parte, Boaventura de Sousa Santos se une aos que sustentam que "não existe uma teoria marxista do direito", ainda que proponha que "a razão *material* para este *deficit* deve se achar no fato de que nenhuma das estratégias dominantes de movimento operário necessitou, verdadeiramente, até a presente data, de uma teoria marxista do direito". São duas as estratégias principais. Em primeiro lugar, a reformista, que se baseia em "uma extensa utilização do direito já que a transformação gradual do Estado capitalista em Estado socialista deve ser conduzida através de reformas sociais operadas no interior da armação constitucional vigente". A segunda estratégia é a revolucionária, que postula a destruição do Estado burguês. "E é que, sendo o direito um instrumento de dominação capitalista, deve ser combatido do mesmo modo que o Estado burguês". Em particular, alude, como exemplo, à teoria geral do direito elaborada por Evgeni Pachukanis em função das necessidades estratégicas da Revolução Bolchevique. Sob esta,

---

4 BOBBIO, Norberto. "Marx y la Teoria del Derecho". In *I Congresso Nacional da Sociedade Italiana de Filosofia Jurídica e Política*. Ferrara, Itália, 5 out. 1978 (tradução ao castelhano da exposição do autor em uma mesa redonda).
5 *Ibri*, p. 195.

"a teoria marxista do direito se transforma em uma teoria marxista contra o direito".⁶

Mas, poderia uma teoria marxista do direito ser outra coisa além de uma crítica materialista da forma jurídica, historicamente determinada, tal como a abordou Pachukanis? Nesse sentido, uma vez que o maior desafio teórico para a crítica marxista do direito é explicar a razão pela qual as relações jurídicas assumem, sob a sociedade capitalista, a forma específica que tem, sustento que esta está obrigada a empreender a articulação de uma teoria da forma jurídica, sem a qual não se alcança a compreensão da especificidade histórico-social do direito.

Pachukanis e a crítica da forma jurídica

Para além de certas aporias ou imprecisões conceituais que encontramos na primeira aproximação de Pachukanis ao desenvolvimento de uma teoria geral marxista do direito, estou convencido de que é ele quem se encarregou de dar continuidade à compreensão inicial do direito expressada por Marx e Engels, e se propôs a articular uma teoria crítica sistemática a partir desta. Por certo que ele sempre concebeu sua obra *A Teoria Geral do Direito e o Marxismo* (1924) como ponto de partida, uma primeira proposta crítica a um tema que havia recebido atenção insuficiente por parte do pensamento marxista, ainda que suas raízes se achassem no próprio Marx. É por isso que no segundo prefácio à referida obra, de 1926, assinala: "Claro está que, em meu curto ensaio pude apenas esboçar os grandes traços do desenvolvimento histórico e dialético da forma jurídica". É daí que, inclusive, esclarece posteriormente que não pretendia desqualificar as formas embrionárias do direito que existiu em períodos pré-mercantis e pré-capitalistas, como o romano, apesar de que será sob o capitalismo que o direito alcançará

---

6   SANTOS, Boaventura de Sousa. "Justicia Popular, Dualidad de Poderes y Estrategia Socialista". *Revista de Sociología*, 13: 245-247, 1980.

sua forma mais acabada de desenvolvimento. Nesse sentido, se
apoia somente a ver o direito como produto de uma evolução
histórico-social, que adquire sua plena maturidade sob a sociedade burguesa. Sob esta se desenvolvem, como nunca antes, as
relações jurídicas enquanto materialização das relações sociais
de produção e de troca.

É essa forma histórica mais acabada do fenômeno jurídico
em que centra-se a atenção, por ser o direito burguês objeto
de um perigoso ressurgimento no interior da Revolução Bolchevique e no Novo Plano Econômico (NEP) de 1921, como
expressão da reintrodução da forma valor e demais lógicas do
mercado capitalista. A retirada foi uma manobra impulsionada
por Lenin para conter as sérias dificuldades econômicas que afetavam a Rússia, produto das sequelas de uma virulenta guerra
civil e ante o fato de que a Revolução Bolchevique não lograva
estender a chama da revolução proletária para o resto da Europa. Não havia maneira, por isso, de evitar que se acrescentassem
uma série de diferenças no interior do bolchevismo. O mesmo
Lenin havia afirmado, em 1917, em sua obra *Estado e Revolução*, que o direito, igualmente ao Estado, não são instrumentos
neutros ou necessários de regulação social, senão produtos históricos da sociedade de classes. Uma vez que o capital existe,
insistiu, domina a sociedade toda. Não há governo que possa
mudar sua natureza como relação social e de poder a serviço da
reprodução ampliada do capital.

Lenin foi muito claro em postular que não há imperativo
maior para uma revolução anticapitalista que transferir todo
o poder ao povo. É o soberano popular de Rousseau ou a *res communis* de Marx resultado da socialização progressiva da
produção e do poder Trata-se de reconstruir as relações de poder desde as próprias bases da sociedade e não meramente se

---

7 PACHUKANIS, Evgeni. *La Teoría General del Derecho y el Marxismo*. Cidade do México Grijalbo 1976 p. 11-12, 22.

apropriar e reproduzir as relações de poder existentes. Parafraseando Martin Fierro: tanto o Estado como a lei são como teias de aranha, cujo impulso é em direção à reprodução do que existe. Por isso a urgência de se emancipar o quanto antes dessas formas hierarquizadas e transcendentes de poder e regulação social.

Uma vez no poder, o bolchevismo se propôs a *desjuridicizar* a sociedade sob a governança dos sovietes e da construção de uma sociedade democraticamente autorregulada. Consigna: "Todo o poder aos sovietes". Isso fez com que no início da revolução fosse privilegiada a justiça como fim ético, acima dos requerimentos limitativos do direito formal. A NEP pôs fim a este processo gradual de extinção do Estado e do direito, e abriu o caminho para a emergência de uma nova tendência, representada crescentemente pela fração dirigida por Stalin: o desenvolvimento de um Estado e uma legalidade socialistas, alegadamente diferentes do Estado e do direito burguês. Esta nova tendência positivista e pragmática contribuiu enormemente para a consolidação da burocratização crescente do processo revolucionário e da emergência e eventual triunfo da tese do socialismo em um só país, promovida ativamente pela fração estalinista. Para esta, a construção do socialismo em um só país requeria a estabilidade que oferecia a forma essencialmente coativa do direito que fazia falta para o controle social, econômico e político do país.

Sem ânimo de desculpar ou endeusar Pachukanis, insisto que se deve abordá-lo no contexto histórico específico em que escreveu, sobretudo em função destes intensos debates suscitados no interior do bolchevismo a partir da adoção da NEP e suas formas capitalistas de valorização e mando. Ele estava convencido de que o bolchevismo assumia perigosamente o retorno às formas capitalistas e que estas terminariam por sobrepor-se ao processo revolucionário. Sua preocupação central era o possível retorno do direito burguês sob o manto de um alegado "direito socialista", o que finalmente ocorreu.

O que Pachukanis pretendeu esboçar como uma aproximação inicial a uma nova teoria geral materialista do direito e do Estado, rapidamente se viu atacada pela radicalidade de suas implicações para a nova etapa em que entrava a Revolução Bolchevique. Temendo os efeitos nefastos que teria o retorno, a partir do Novo Plano Econômico de 1921, das formas capitalistas de produção e troca, entendeu ser imperioso se concentrar em uma desmitificação de uma forma jurídica que regulava as relações sociais entre sujeitos abstratamente iguais e autônomos, mas, na realidade, inseridos em um contexto estratégico determinado pela forma valor e a forma mercadoria que terminaria por reproduzir o caráter classista inerente à dita forma jurídica. Da mesma forma que Marx, Pachukanis entende que ante uma ordem de direitos iguais, ao menos formalmente falando, decide, em última instância, a força. É que as relações sociais capitalistas são imanentemente violentas e coercitivas. Não se pode abstrair a forma jurídica dessa condição opressiva.

Em essência, Pachukanis, ainda que com as limitações teóricas contidas em sua proposta, teve o acerto de identificar o que constitui sem dúvidas a especificidade do direito como modo historicamente determinado de regulação social. Para Pachukanis, o normativismo prevalecente entre os juristas burgueses não podia explicar por qual razão certas normas são válidas e efetivas e outras não. Ele responde que sua força regulatória se encontra, em grande parte, na relação social específica que se propõe a validar e a fazer efetiva. Nela se acha a célula primária de todo o tecido social. E a contradição que essa relação social engloba constitui o próprio fundamento da forma jurídica. É por isso que, para ele, todo direito é classista e não pode evitar sê-lo.

Sua teoria sobre a forma jurídica rechaça a pretensão de reduzir o direito a um fenômeno puramente ideológico para, em vez disso, insistir em sua implicação direta na regulação das relações sociais determinantes da vida. O direito não pode ser reduzido à pura ideologia, já que "o direito enquanto forma não existe apenas no cérebro e nas teorias dos juristas especializados; existe uma história real, paralela, que não se desenvolve como um sistema conceitual, mas como um sistema particular de relações". E prossegue: "a forma jurídica expressa por abstrações lógicas é um produto da forma jurídica real e concreta (...), um produto da mediação real das relações de produção", que não se reduzem às relações de troca, mas incluem também "a realização completa da forma jurídica: o tribunal e o processo".[8]

Nesse sentido, a forma jurídica possui um caráter dual: econômico-jurídico. O jurista bolchevique quis focar-se na realidade e efetividade do direito, mais do que em sua compreensão estritamente abstrata, ainda que para chegar ao primeiro se transite do geral ao abstrato. Seguindo o método utilizado por Marx em sua análise da economia política para identificar as formas essenciais do capitalismo, Pachukanis aborda a análise da forma jurídica a partir de um processo de abstração sistemática. Uma teoria geral marxista do direito deve igualmente se focar nas forças sociais verdadeiras por detrás da forma jurídica, aquelas que em última instância lhe são constitutivas, e não se perder entre aquelas que não são determinantes. "A teoria geral do direito pode ser definida como o desenvolvimento dos conceitos jurídicos fundamentais, ou seja, os mais abstratos", enuncia.[9]

Longe de se perder na abstração, Pachukanis consegue, como nenhum outro, estabelecer o nexo material existente entre a forma jurídica e a relação social específica que predomina sob o sistema capitalista e a subjetividade resultante.

A trajetória seguida pelo pensamento jurídico de Pachukanis foi uma verdadeira tragédia intelectual. Por um lado, almejou-se a destruição de sua teoria crítica por meio de sua

---

8 PACHUKANIS, Evgeni. *La Teoría General del Derecho y del Marxismo*. Cidade do México: Grijalbo, 1976, p. 19.
9 *Ibid.*, p. 23.

execução, em 1937. Por outro, a desqualificação teórica e sua liquidação física tiveram um impacto duradouro dentro dos círculos marxistas, que ainda custam a reconhecer sua valiosa contribuição, partindo de posturas bastante reducionistas e parciais que dão testemunho da ambígua relação que um setor importante ainda tem com a herança nefasta do estalinismo e com as limitações ideológicas que ele impôs ao desenvolvimento da teoria marxista como um todo. Em geral, esta oscilou, por um lado, entre um instrumentalismo político, sob o qual o direito é reduzido a mero instrumento de dominação e exploração, a partir de uma compreensão um tanto esquemática da relação estrutura-superestrutura sob a qual o direito é um reflexo mais ou menos direto da estrutura econômica e dos interesses da classe dominante; e, por outro lado, um formalismo positivista que assinala ao direito uma autonomia relativa da luta de classes e os processos econômicos de produção e troca, compreensão esta ligada a perspectivas socialdemocratas e liberal-reformistas.

Nesse sentido, a teoria crítica de Pachukanis ressurge nestes tempos precisamente devido à sua vitalidade e pertinência, sobretudo ante o fato de que ninguém, até o momento, pode superar a diferença qualitativa que representa sua crítica materialista do direito, a qual propõe como eixo a análise da forma jurídica. Isso inclui sua crítica à compreensão sociológica do direito, a partir da perspectiva de seu conteúdo – enquanto reflexo das necessidades e interesses da sociedade, sem abordar propriamente a forma que assume a regulação social e sua profunda vinculação com a forma mercadoria e seu processo de produção e troca, do qual é reflexo. É esta relação socioeconômica que determina, em última instância, o conteúdo de todo ato jurídico. O fetichismo da mercadoria acha assim seu equivalente no fetichismo jurídico.

Sob o direito, a legitimidade da propriedade privada não está – como na realidade é – na força, mas no consentimento. O sujeito é desencarnado de seus atributos como vida real e concreta, imerso em relações sociais permeadas de desigualdades. É formalmente portador de direitos iguais a seu semelhante, ainda que na realidade prevaleça a força como critério de discriminação entre eles. A noção de igualdade que constitui um dos pilares fundamentais do direito se deriva, em última instância, da equivalência dos sujeitos e suas trocas no seio do mercado. Daí a centralidade do princípio de igualdade dentro do regime econômico-jurídico prevalecente. O direito advém em algo, assim como a expressão do *ethos*, do mercado capitalista, no qual a relação jurídica entre sujeitos é simplesmente a parte inversa da relação entre os produtos do trabalho convertidos em mercadorias.

Em resumo, poderíamos falar dos seguintes sete elementos constitutivos da teoria marxista do direito esboçada por Pachukanis:

I. Independentemente de o direito revestir-se de uma bruma ideológica, uma teoria geral marxista a seu respeito deve centrar-se na crítica da forma jurídica e seus efeitos constitutivos da subjetividade jurídica, tida enquanto reflexo de relações sociais específicas.

II. A genealogia da forma legal e, por conseguinte, da subjetividade jurídica, se encontra nas relações de troca de mercadorias, a instância determinante das relações sociais características da produção social capitalista segundo Marx.

III. A forma jurídica é equivalente à forma mercadoria. Assim como o sujeito jurídico constitui a célula básica das relações jurídicas, a mercadoria é a célula básica das relações econômicas. Assim, sua análise deve ter a forma mercadoria como ponto de partida.

IV. O sujeito jurídico é essencialmente um produtor ou possuidor de mercadorias. É por essa condição jurídica que o sujeito participa do processo de troca de mercadorias, incluindo a força de trabalho.

V. A partir de seu princípio de igualdade, o direito juridiciza, em última instância, a forma valor. Assim, as relações jurídicas são a materialização das relações sociais de troca.

VI. Mais do que os direitos abstratos de cada sujeito jurídico, o que prevalece finalmente é o balanço real de forças. Assim, a forma jurídica é, no fundo, um modo de regulação social predicado na coerção e na sanção para compelir a submissão à ordem capitalista prevalecente.

VII. Uma teoria geral do direito, partindo de uma perspectiva marxista, deve assumir a extinção progressiva da forma jurídica como modo predominante de regulação social cujo fim é a reprodução das relações sociais prevalecentes sob o capitalismo. Não se pode pretender abrir passagem a uma nova sociedade e modo de vida mediante o uso da forma jurídica. A única maneira de empreender a transformação radical em direção à constituição da sociedade comunista requererá outro modo não jurídico de regulação social mediante o qual a convivência social fundamentada em práticas sustentadas em uma nova consciência ética do comum substituirá a necessidade da normatividade classista e coativa do direito. A autodeterminação substitui assim a submissão como critério legitimador da nova normatividade comunista.

Longe de constituir um reducionismo determinista, tal como Kelsen e outros a caracterizaram,[10] a proposta teórica de Pachukanis constitui um presságio sobre o processo de subsunção real pelo qual atravessa o direito sob a economia em nossos tempos. Sua ênfase no momento da troca de mercadorias, longe de tender à subvalorização da totalidade do circuito do capital, em particular, o momento da produção social, o que

---

10 KELSEN, Hans. *The Communist Theory of Law*. Nova Iorque: Praeger, 1955, p. 89-93.

faz é confirmar o que Marx e Engels já afirmaram em relação à centralidade da troca de mercadorias para o modo capitalista de produção social. Assim, estes aclararam as relações jurídicas nas relações de troca, como expressão da predominância do valor de troca em novo *leitmotiv* da produção social. A forma jurídica serve para materializar ditas relações de troca.

O jurista bolchevique nos obriga a confrontar o direito como dispositivo de poder a serviço da reprodução do capital, uma forma reificada de dominação que transcende nossa falsa situação como "sujeitos de direito" para tentar controlar nossa vida toda, de fora e de dentro de cada um de nós. Mesmo assim, Pachukanis contrapõe a regulação normativa social, cujo fim é o comum, à regulação jurídica, cujo eixo é privado. Daí vem sua insistência no imperativo de assumir a extinção progressiva desta última, como forma dominante, para a construção da sociedade comunista. Não obstante, sua visão sobre o que chamou de "regulação técnica", como modo alternativo à regulação jurídica, revelou-se demasiadamente simplista e burocrática.[11]

Sem uma análise da forma jurídica e da dialética material entre as relações jurídicas e as relações sociais, qualquer crítica jurídica é insuficiente, na medida em que se apresenta desprovida das ferramentas teóricas que permitem entender os fundamentos materiais da crise atual relacionada ao direito na presente conjuntura histórica, na qual uma persistente crise do capitalismo e o progressivo conflito social que provocou foram forçando sua reestruturação autoritária, muitas vezes para além do direito propriamente dito. Nesse sentido, estou convencido de que um dos principais desafios da proposta comunista nestes tempos consiste em mostrar as tendências que existem hoje em torno da emergência de um novo modo de regulação social para além do direito burguês e do chamado direito socialista. Para

---

11 PACHUKANIS, Evgeni. *La Teoría General del Derecho y del Marxismo*. Cidade do México: Grijalbo, 1976, p. 63.

isso, temos que ir mais além das compreensões essencialmente liberais e idealistas do direito como corpo de normas. Para isso devemos falar das normas a partir da realidade destas como representações lógico-formais de relações sociais historicamente específicas e não como quaisquer ideias *a priori* que tenhamos sobre elas. O objeto da crítica marxista é romper os próprios cimentos de toda perspectiva estritamente lógico-abstrata para desdobrar amplamente o conhecimento da realidade material do particular e sua manifestação heterônoma.

A forma jurídica em Marx

Marx havia estudado e escrito sobre o direito em sua juventude.² Em correspondência com seu pai, diz que "na expressão concreta do mundo vivente do pensamento, como é o direito, o Estado, a natureza, como é toda a filosofia, o próprio objeto deve ser espiado, deve ser perseguido; classificações arbitrárias não devem ser impostas de fora, a razão da própria coisa deve continuar funcionando como algo em conflito consigo mesmo e encontrar em si sua unidade".¹³ Em fevereiro de 1843, escreve sobre o que qualifica como "o Estado de força" prussiano, de como sob ele "todas as normas objetivas desapareceram".¹⁴ Sobre a filosofia hegeliana do direito, critica seu enfoque especulativo por entender que ele abstrai o homem real. O radical está em partir do homem concreto, de sua realidade material. E a propriedade privada possui efeitos constitutivos dentro dessa realidade material. "Quando o proletariado reclama *a negação da propriedade privada* não faz mais que elevar a *princípio*

---

[12] Marx foi, inicialmente, estudante de Direito enquanto estava na universidade, ainda que tenha terminado se concentrando no estudo da Filosofia.

[13] MARX, K. "Carta al Padre Berlín, a 10 de noviembre de 1837)". In: JARAMILLO, Rubén (ed.). *Karl Marx: Escritos de Juventude sobre el Derecho. Textos 1837-1847*. Barcelona: Anthropos, 2008, p. 43.

[14] Id. "Observaciones sobre la Reciente Reglamentación de la Censura Prusiana". In: JARAMILLO, Rubén (ed.). *Karl Marx: Escritos de Juventude sobre el Derecho. Textos 1837-1847*. Barcelona: Anthropos, 2008, p. 7.

da sociedade o que a sociedade elevou a *seu* princípio, o que já se personificou nele, sem sua intervenção, como resultado negativo da sociedade". Insiste que, na Alemanha, "não pode se quebrar nenhum tipo de servidão sem quebrar todo tipo de servidão em geral".[15]

Marx insiste que não é questão de superar as deficiências das atuais relações de propriedade, nem de regulamentá-las segundo princípios racionais. Por trás de suas regras racionais jazem leis econômicas cuja fria necessidade faz sucumbir todas as leis de equidade. A liberdade também resta limitada e mediada pela lei burguesa e o ser humano reduzido a mônada isolada. Daí a necessidade de sua transformação, ou inclusive sua abolição. Aponta que "a *propriedade privada* não é uma relação simples e muito menos um conceito abstrato, um princípio, mas consiste em uma totalidade das relações burguesas de produção".[16]

Sinto uma convicção profunda de que nossa ordem civilizatória, sob o capitalismo, chegou a uma fase determinada de seu desenvolvimento, em que, como disse Marx no "prefácio" à *Contribuição à Crítica da Economia Política*, as forças produtivas da sociedade entraram "em contradição com as relações de produção existentes, ou, o que não é mais que sua expressão jurídica, com as relações de propriedade, que em seu interior haviam se movido até então". E continua: "Formas que antes desenvolviam as forças produtivas passam a se converter em travas destas próprias forças. Então, se abre uma época de revolução social".

Se há um elemento distintivo da crise atual que atravessa os países que persistem na reprodução ampliada do capitalismo

---

15   *Id.* "Contribución a la Crítica de la Filosofía del Derecho de Hegel: Introducción". *In:* JARAMILLO, Rubén (ed.). *Karl Marx: Escritos de Juventude Sobre el Derecho. Textos 1837-1847*. Barcelona: Anthropos, 2008, p. 102, 109.
16   *Id.* "La Crítica Moralizante y la Moral Crítica" ; "Sobre la Cuestión Judía". *In:* JARAMILLO, Rubén (ed.). *Karl Marx: Escritos de Juventude sobre el Derecho. Textos 1837-1847*. Barcelona: Anthropos, 2008, p. 164-165, 190.

como base de sua ordem é a demonstração fidedigna do valor predicativo de muitas das categorias marxistas: o caráter ineludível da concentração do capital; a inevitabilidade das crises cíclicas como testemunho do caráter irracional do sistema, o caráter forçosamente imperial e beligerante do capital; o empobrecimento da imensa maioria ao custo do enriquecimento de uma minoria; a subsunção de toda a vida aos requerimentos do capital; e a conversão do governo em instrumento executivo do capital. A análise de Marx, longe de ser reducionista, como lhe imputam alguns, comprovou ser compreensiva. O direito não podia ser abordado abstrata ou independentemente da economia, assim como sua forma específica é produto das formas que assume a economia política e as relações sociais que se ocultam sob citas formas e que são por elas potencializadas.

Marx entende que ao apreciar as contradições de natureza sistêmica que se produzem na base econômica da sociedade é que se pode valorar o movimento que se efetua concretamente nas formas jurídicas e políticas. Somente assim se pode adquirir a consciência precisa do conflito histórico que se manifesta através de tais formas e propor sua efetiva superação. De minha perspectiva, este imperativo é atendido eficazmente hoje somente na medida em que se assume a crítica jurídica mais radical e total, a que põe em questão tanto a função social quanto a forma e a própria existência do direito contemporâneo. Na conceituação da normatividade, é preciso desabilitar a tentação de continuar a fazê-lo pela aparência. É preciso arraigá-la na realidade. Somente a partir desta é que os seres humanos entram em determinadas relações, a partir das quais produzimos nossa existência, incluindo em sua dimensão normativa.

O direito constitui uma relação social no mesmo sentido em que o capital é definido como uma relação social? O próprio Marx encontra o conteúdo da relação jurídica na própria relação econômica: "toda forma de produção produz suas próprias relações jurídicas".[17] O direito não tem uma história própria. Não é possível entendê-lo a partir de seus próprios enunciados lógico-abstratos. O direito não nasce do direito, isto é, das normas jurídicas. Ele se constitui a partir das relações sociais, historicamente determinadas. Não é algo alheio a estas que se reduz a enunciar meras ideias e normas. O que é a forma jurídica, assim como seus conteúdos, remete-se a um sistema historicamente determinado de relações sociais, por sua vez, de relações de poder que se sustentam a partir de um conjunto de aparatos, instituições, processos, técnicas, regras e normas.

Segundo Cerroni, Marx "concebe o direito moderno como uma organização normativa das relações sociais modernas". E continua: "A forma jurídica, em sua explicação final, na forma de conexão das vontades de indivíduos socialmente relacionados pela mediação real das coisas, é forma específica de coesão da sociedade moderna". Para Marx, não se trata de uma interpretação "sociológica" da norma, como sustentam Kelsen e Treves, mas de "uma redução metódica da formação a um tipo de relação social material que, atuando exclusivamente mediante o encontro de vontades (troca) e já não mediante a vinculação direta do produtor, desenvolve a relação de produção *como troca*". "A sistematização normativa do direito moderno se dá em função desta trama material objetiva da sociedade; se conforma sobre ela e, já que com ela nasce, segue seus passos e, em todo caso, sua decadência", aponta Cerroni.[18]

Marx não escreveu uma obra especificamente sobre o direito, mas é inegável que, onde quer que tenha se referido em seus escritos à especificidade histórico-social da forma jurídica, estabeleceu claramente que esta deve-se ao fato de ser expressão das relações sociais de troca. Nesse sentido, qualquer aproximação teórica de Marx ao direito apenas poderá ocorrer no contexto

---

17 MARX, Karl. *El Capital*. Cidade do México: FCE, 2006, p. 48, vol. 1, t. 1.
18 CERRONI, Umberto. *Marx y el Derecho Moderno*. Cidade do México: Grijalbo, 1975, p. 93-95.

específico de sua investigação e teorização sobre certas relações sociais historicamente determinadas: as do capitalismo. Sua crítica não pode ser, portanto, "uma crítica do direito do ponto de vista do direito", como se este fosse um fenômeno autônomo, mas uma crítica materialista e totalizante do fenômeno jurídico como parte integral da crítica geral da economia política capitalista.

Ademais, o sentido que Marx outorga ao termo "forma" antes parece coincidir com uma de suas acepções no idioma alemão, a palavra nativa alemã *Gestalt*, do que estritamente com a palavra *form*, de origem italiana, mas que também existe no idioma germânico. *Gestalt* se refere a algo substantivo que situa, conforma ou estrutura algo.[19] Não é uma forma abstrata e indiferenciada, mas a configuração histórico-social de algo. Diferentemente de *form*, *Gestalt* não está em oposição ao conteúdo de uma coisa, mas o ordena, isto é, o determina. Marx se refere a isso como a "determinação da forma" (*formbestimmtheit*).[20]

Na dialética marxista há união orgânica entre forma e conteúdo. Rejeita-se a dicotomia, própria da filosofia idealista e liberal, entre o formal e o material ou substantivo. A forma estrutura a realidade empírica. Assim, deve-se compreendê-la em sua genealogia, no fluir de seu movimento, em seu permanente devir. A negação dialética é uma negação real e material, não é metafísica. Por outro lado, a "forma" em Hegel se refere a algo secundário, superficial e exterior à essência de algo. Por tal motivo, este autor é incapaz de representar uma crítica imanente à própria realidade.

Direito e *não direito*: os dois sentidos da ordenação normativa

O modo de regulação social prevalecente – isto é, o imperante na presente ordem civilizatória capitalista – possui uma

---

19 A respeito, ver a nota introdutória de Nicolas Gonzalez Varela, intitulada "*Karl Marx, lector anómalo de Spinoza*", à obra de Karl Marx, *Caderno Spinoza*. Madri: Montesinos, p. 41.
20 RUBIN, Isaak Illich. *Ensayos sobre la Teoria Marxista del Valor*. Córdoba, AR: Siglo XXI, 1974, p. 85-87 (Cuadernos de Pasado y Presente, 53)

forma dual que reflete o caráter contraditório do sistema de relações sociais e de poder que o codifica: o direito e o *não direito*, como representação estratégica dos dois sentidos de ordenação que exercem força em seu seio, um imposto de cima e outro se potencializando de baixo; o primeiro transcendente e o segundo imanente. São formas diferenciadas de subjetivação e objetivação.

A primeira, a forma jurídica – uma forma particular de normatividade – está caracterizada por: pesado estatismo, legalismo e conflituosidade, sobretudo por se ver obrigada a legitimar o elemento de força que é substancial ao capitalismo, como relação social, para compelir as gentes a se comportarem de uma maneira consistente com seus interesses. Essa forma regula as relações materiais de produção e reprodução mediante a imposição de normas de conduta sancionadas pela força do Estado. Ela é, assim, uma instância sancionadora das irradiações dessa outra forma, de caráter primordial: a forma valor e sua materialização na mercadoria. Sobretudo, garante o mais fundamental dos direitos sob o capitalismo, o da propriedade privada, o que inclui além do direito do capitalista à apropriação privada da força de trabalho como mercadoria, também o direito ao produto desse trabalho alheio. Ademais, mediante o direito, regulam-se os processos tanto de produção como de troca, segundo as demandas do sistema. Isso assinala um caráter imperativo da forma jurídica, sobretudo na sociedade capitalista. Nesse sentido, a implantação da lei do valor requer a constituição do *rule of law*.[2] Da forma jurídica e da relação social específica que dá vida, surge, em última instância, a forma jurídica.

---

21 Diz Oscar Correas que "as normas jurídicas de uma sociedade que troca dependem, encontram sua explicação, seu ser assim e não de outra maneira, na lei do valor". CORREAS, Oscar. *Introducción a la Crítica del Derecho Moderno (Esbozo)*. Cidade do México: Fontamara, 2000, p. 30. Sobre esse particular, ver também BLANKE, Bernhard; JÜRGENS, Ulrich; KASTENDIEK, Hans. "On the Current Marxist Discussion of the Analysis of Form and Function of the Bourgeois State". *In:* HOLLOWAY, John; PICCIOTTO, Sol (ed.). *State and Capital*. Londres: Edward Arnold, 1978, p. 123.

A segunda, a forma normativa, se caracteriza por um pluralismo humano e social, assim como por uma ética aberta. A hegemonia, até agora, da primeira sobre a segunda é antes a expressão de uma estratégia discursiva que acudiu o sistema para garantir sua reprodução contínua. Responde a um paradigma de poder intimidador, reducionista e expropriador da potência normativa do indivíduo e da comunidade. É a forma sob a qual a classe dominante quis representar normativamente seu poder opressivo e excludente; dar causa à luta de classes através de um conjunto de dispositivos disciplinadores, ou seja, de controle. Aqui se radica sua centralidade como dispositivo de poder.

A norma é, caso se queira, a forma básica; ou seja, elementar, primária e autogestionada, cuja fonte material é social. Ela é o resultado de um ato de vontade de um indivíduo ou uma comunidade; é teleologicamente autônoma e, em sua origem, imanente, por isso, é mais pessoal e imediata em seu alcance; não emana do Estado, por mais que, sob o idealismo hegeliano, se privilegie como fonte e instância determinante de regulação social.

Por sua parte, a lei é a forma secundária cuja fonte material é o Estado autônomo em relação à sociedade, e, como tal se apresenta por meio da *fictio juris*, um objeto externo e transcendente ao indivíduo e à sociedade, portadora de uma hierarquização social que promove a desigualdade real. Sob esta, a norma jurídica se apresenta, ao menos formalmente, como o marco qualificador e validador da *actio*.

A normatividade do *não direito*[22] é, por um lado, imanente ao indivíduo e à sociedade. É esta forma simples, local e imediata em que realmente se estabelece o coração da regulação social.

---

22 Ver, a respeito, CARBONNIER, Jean. *Derecho Flexible*. Madri: Tecnos, 1974, p. 13-63. Confira também meu trabalho "El Tiempo del no-Derecho". In: RIVERA-LUGO, Carlos. *¡Ni Una Vida Más al Derecho! Reflexiones Sobre la Crisis de la Forma-Jurídica*. Aguascalientes/San Luis Potosí: Centro de Estudios Jurídicos y Sociales Mispat y Programa de Maestría en Derechos Humanos de la Universidade Autónoma de San Luis Potosí, 2014, p. 123-140. (Dissertação de Mestrado).

Ela está baseada na autodeterminação, cooperação, solidariedade ou afetividade, assim como na igualdade real.

De onde procede o caráter de cada uma? Emerge da forma específica e historicamente determinada que assume. Cada forma está cheia de sutilezas valorativas e tensões dialéticas, ainda que, no caso da forma jurídica, esta assuma, ademais, um caráter alienante que expropria o indivíduo e a sociedade de sua liberdade inalienável e de seu poder normativo, para trocá-la pelo direito relacionado aos ditados de certos poderes externos, ocultos por detrás da *fictio juris*, sua materialidade espectral em torno da qual se tece todo um fetichismo similar ao que se coloca em torno da mercadoria.

Tão pronto a regulação social assume a forma jurídica, esta não pode senão representar a relação social e de poder específica que a codifica. Constitui assim uma subjetividade específica, a do "sujeito de direito" como proprietário privado e a das relações jurídicas – na forma desses artifícios magistrais que são o contratualismo privado e a autonomia da vontade – como relação social (e de poder) nas quais se produzem trocas entre proprietários privados. Como bem assinala Marx no primeiro volume de *O Capital*, no início do capítulo II, intitulado "O processo de troca": "O *conteúdo* dessa *relação jurídica* ou volitiva é dado pela própria relação econômica". E se cabia alguma dúvida sobre isso no período de subsunção formal de que nos fala Marx nos *Grundrisse*, já não cabe nenhuma a partir da presente subsunção real de toda a vida ao capital. Alteraram-se efetivamente todas as mediações que existiam sob a subsunção meramente formal. Economia, sociedade, política, Estado e direito se compenetraram. A vida se impôs sobre a ficção.

Para Kelsen, a norma jurídica não é idêntica à relação social específica; em todo caso, o que faz é refleti-la. Em parte, tem razão pois não se pode, até certo ponto, reduzir o direito exclusivamente ao fato. Nem todo fato é fonte material de normatividade.

Nem todo fato é um *fato normativo* (Gurvitch), ou seja, uma realidade que forja materialmente a forma e o conteúdo do direito consoante com os fins que o animam.

Entretanto, por não ver o direito pelo que ele é, em última instância, corremos o perigo de cair no dualismo kantiano entre ideia e realidade que tanto critica Marx. A hipostatização da categoria jurídica que tende a acontecer, por exemplo, em Kelsen, inclina-se à certa autonomização do direito, isto é, à localização de seu fundamento e origem no próprio direito. Trata-se de encontrar, no próprio direito, enquanto sistema "puro" de normas, sua razão de ser e fonte de validade.

Entretanto, o que Marx nos convida a pensar é totalmente oposto, um sistema sobretudo "impuro", para tomar emprestado um termo gramsciano. Pede-nos para trazer à superfície o que a forma jurídica, em seu processo de mistificação metafísica, faz de tudo para encobrir, ocultar: as relações sociais e as lutas reais que se dão a partir destas. É preciso sair das "alturas etéreas", aponta, para tratar de compreender "o que se encontra na rua". É necessário fundar a ideia, incluindo a norma, em nosso caso, na própria realidade.

O *Estado da subsunção real*

Pois bem, há outro aspecto da questão que desejo pontuar, sobretudo por ser a causa imediata da atual transubstanciação da normatividade contemporânea. Trata-se de um novo desenvolvimento do fenômeno de poder sob o *Estado da subsunção real*,[23] enquanto nova forma que assume o "Estado" e os processos sociais de prescrição normativa dentro do notório modelo neoliberal de acumulação. O capital se fez diretamente Estado; foi, de fato, privatizado e corporativizado. O mesmo ocorreu com o chamado direito público, o qual nunca rompeu realmente

---

23 NEGRI, Antonio. *Fin de Siglo*. Barcelona: Paidós, 1992, p. 29.

com o sistema capitalista, ainda que dentro da função social conciliadora e reformista que pretendeu impor ao capital.

Pontuo: a separação entre política e economia, sociedade política e sociedade civil, desvaneceu. A verdade efetiva do Estado se realiza já abertamente na socioeconomia capitalista. As vetustas instituições que garantiam a soberania do Estado e a obediência ou submissão de seus cidadãos colapsaram. Como resultado, já não interessa ao Estado neoliberal limitar os "sujeitos de direito", mas sim, sendo fiel às lógicas atuais do capital, estender-se sobre toda a vida. A principal função que desempenha este poder onicompreensivo, para não dizer abertamente totalitário, é invadir e subordinar a vida de forma integral, coletiva e individual, aos controles e regulações procedentes do capital e de sua normatividade, determinada em última instância pela forma valor.

Toda a sociedade ergue-se como uma oficina ampliada de produção social e troca de mercadorias. E, dentro desta, o trabalho passa a ser cada vez mais precário, difuso e pouco remunerado. Portanto, a existência social das pessoas se dá como parte de uma massa proletária ampliada, para além de seus sinais clássicos, que se vê forçada a sobreviver nas margens da economia capitalista. Eis aí sua singularidade, sua particularidade, sua novidade, como participantes de um processo de produção social que os reduz crescentemente à *vida nua*,[24] condição esta que potencializa sua negação mediante um crescente conflito social dotado de múltiplas formas: das ocupações de praças e centros laborais e educativos, até greves, paralizações e insurgências civis.

Insisto que a vida social e política no neoliberalismo já não gira em torno deste artificioso "sujeito de direito", mas em torno dos seres vivos e concretos para os quais já não basta uma regulação social vinda do direito e seus dispositivos debilitados

---

24 Sobre o conceito de *vida nua*, ver, por exemplo, AGAMBEN, Giorgio. *Homo Sacer: o Poder Soberano e a Vida Nua*. Belo Horizonte: UFMG, 2007.

de controle, que agora deve abarcar a regulação da vida toda desde cada uma de suas manifestações sociais e individuais.[25] Junto a isso se potencializa uma nova política contestatária vinda de cada um dos espaços que padecem do assedio neoliberal e de sua ameaça completa à vida. Em parte, isso explica a declinante efetividade do direito precedente, no interior do atual modo de regulação social, e a crescente criminalização dos protestos sociais, mas, também, a declinante legitimidade, assim como a crescente indeterminação do direito para a imensa maioria da sociedade neoliberal. Isso contribuiu para potencializar a forma do *não direito*, ou seja, da produção normativa alternativa, de múltiplos foros e espaços, alheios ao Estado.

Já disse Marx: "A sociedade não consiste em indivíduos, mas expressa a soma de relações e condições em que estes indivíduos se encontram reciprocamente situados".[26] E uma estrutura de poder cujas forças sociais giram ao redor da vida concreta e de suas relações de poder, não ao redor da *fictio juris*, necessita de um novo modo de produção social de normatividade que atenda efetivamente às necessidades fundamentais dos seres vivos, sobretudo a liberdade, hoje ameaçada sob o *Estado da subsunção real*. Sob este, fomos reduzidos à *vida nua*, ficamos à mercê de seu poder desnudo, com pouca ou nenhuma mediação por parte do "Estado de Direito". Do Estado de Direito se passou à razão de Estado, cuja matriz oculta encontramos na *norma-capital* (a lei do valor) e cujas "leis" pretendem ser inculcadas já não como prescrições externas, mas de forma invisível e internalizadas. A partir das mudanças ocorridas nos circuitos do capital, sobretudo da produção social, se pretende refazer a vida inteira à sua imagem e semelhança.

---

25 FOUCAULT, Michel. *Historia de la Sexualidad. I: La Voluntad de Saber.* Cidade do México: Siglo XXI, 1996, p. 175-176.
26 MARX, Karl. *Elementos Fundamentales para la Crítica de la Economía Política (Grundrisse) 1857-1858.* Cidade do México: Siglo XXI, p. 204, t. 1.

O grande desafio que enfrentam os anticapitalistas e, em especial, os comunistas, é como forjar um modo antidisciplinante e não alienante, ou seja, não jurídico, e radicalmente democrático de regulação social que não repita as lamentáveis experiências de mando e regulação que ocorreram sob o socialismo real europeu. Ademais, se a questão é romper efetivamente com o capital, isso inclui seu modo de regulação social: o direito, cuja existência se dá em função de sua contínua reprodução. Para isso é preciso aprender que o poder, como dizia Foucault, não constitui uma realidade externa à própria vida, mas se constitui em cada ser vivente e em cada uma de suas manifestações locais, incluindo os processos sociais de produção e os normativos.

É nesse sentido que, necessariamente, deve-se incorporar a paradigmática contribuição de Foucault à nossa compreensão do direito. Para ele, deve-se deixar para trás a concepção essencialmente hobbesiana do poder soberano quase absoluto que, em termos gerais, seguiram os liberais e os socialistas marxistas igualmente, ou seja, um poder centrado no Estado e um direito como produto exclusivo deste, ante a incapacidade natural do ser humano de governar a si mesmo e de se dar sua própria normatividade. O poder jurídico concebe o sujeito como transgressor real ou potencial que demanda ser disciplinado e, se necessário, reprimido. Nesse processo, constitui subjetividades submetidas à ordem estabelecida, sob a ficção da existência de um vínculo contratual. Sob a ficção jurídica está o consentimento sobre a origem da submissão à autoridade estatal e não da repressão. O direito cumpre assim uma função colonizadora ou normalizadora do sujeito. É daí que suas normas e regras são mecanismos de poder com efeitos de verdade, isto é, efeitos justificadores do exercício desse poder. Para Foucault, o direito, enquanto instrumento de dominação que inclui não apenas a lei, mas também a trama de aparatos, instituições, procedimentos e regulamentos que o aplicam, apenas pode ser entendido de uma perspectiva estratégica, como parte de uma ordem civil de batalha. Assim nos adverte Foucault:

> A lei não é a pacificação, posto que debaixo dela a guerra continua causando estragos em todos os mecanismos de poder, ainda nos mais regulares. A guerra é o motor das instituições e da ordem: a paz faz surdamente a guerra até na mais minúscula das engrenagens. Em outras palavras, deve-se decifrar a guerra por baixo da paz: aquela é a própria cifra desta. Assim, estamos em guerra uns contra os outros; uma frente de batalha atravessa toda a sociedade, contínua e permanentemente, e situa cada um em um campo ou no outro.[27]

Pois bem, a razão de Estado neoliberal já não encontra seu critério de legitimidade no direito. Sua ordem reguladora surge da economia política. Esta se converte em sua principal fonte de normatividade e o Estado fica subsumido pelo mercado.

Segundo Foucault, a economia política ergueu-se dessa forma, já abertamente, em uma nova razão de Estado. Assim, deprecia-se o valor das ficções jurídicas ante o valor dos fatos econômicos. A economia política neoliberal erigiu-se a partir do novo regime de produção da verdade, normatividade e poder nas sociedades capitalistas contemporâneas. Consoante a isso, procedeu-se também com a desvalorização do direito, em geral, mediante sua privatização de fato. Rapidamente, desvalorizou-se o direito público, exceto para fortalecer qualquer norma ou procedimento de controle ou repressão. Em todo caso, a economia política neoliberal se constituiu, para todos os fins práticos, no novo direito público do *Estado da subsunção real*.[28] O sistema capitalista chegou a um grau nunca antes visto de penetração em nossa experiência, a sobre-exploração atual somente é possível através do estabelecimento de "uma trama

---

27 FOUCAULT, Michel. *Defender la Sociedad*. Cidade do México: Fondo de Cultura Econômica, 2000, p. 56.
28 Id. *Nacimiento de la Biopolítica*. Cidade do México: Fondo de Cultura Econômica, 2007, p. 23-58.

de poder microscópico, capital".²⁹ Nesse sentido, Foucault articula como alternativa uma *economia política da força* pela qual busca abordar a possibilidade da transformação do existente. Isso requer a constituição de sujeitos livres, os únicos que "têm sempre a possibilidade de mudar a situação", já que "esta possibilidade existe sempre".³⁰

Sem dizer, o pensamento de Foucault tem muito de marxista. Expressou-se da mesma forma quando aceitou que no presente é impossível abordar a crítica histórico-social sem dirigir-se ao pensamento de Marx e situar-se dentro de seu "horizonte de pensamento", ainda que se deva seguir construindo, para além dele, a fim de explicar, em toda sua complexidade contemporânea, o fenômeno do poder e como hoje é exercido visando garantir a reprodução da sociedade capitalista. Sua contribuição se inscreve como uma vertente de um *marxismo aberto*, que entende a luta contra o capital como o *movimento real* pela negação e superação das formas dominantes de dominação e a refundação de toda a sociedade a partir da refundação de nós mesmos. Foucault entende que estamos ante o desafio histórico de produzir uma contestação cuja verdadeira radicalidade se sustente na constituição de outra forma de governança, de produção de normatividade, de outra subjetividade, já não jurídica, mas baseada na vida real de cada um. Trata-se da constituição de outra política e outra normatividade que parta de uma subjetividade autodeterminada, ou seja, com um poder próprio de produção de saber e de normatividade. Assim, a forma jurídica, de caráter estadocêntrico e legicêntrico, deve desaparecer para se ver progressivamente substituída por uma normatividade autogestionada e não disciplinante. Só a partir do exercício de um poder normativo autônomo pelo sujeito é

---

29 *Id. La Verdad y las Formas Jurídicas.* Barcelona: Gedisa, 1995, p. 138-139.
30 Ver, a respeito, LAZZARATO, Maurizio. "Del Biopoder a la Biopolitica". *Multitudes*, 1, mar. 2000.

que pode se constituir realmente o sujeito livre dentro de uma comunidade de iguais.

Enfim, é dali, da instância material mais pessoal e imediata que se trava, implanta e potencializa toda relação de poder. Se é a partir de cada sujeito que se reproduz em última instância as formas de dominação, é a partir deste que se deve produzir a ruptura radical. E isso só se conquista a partir de um sujeito potencializado e não ausente ou subordinado. Ora, a construção desse "fora" do direito, assim como do Estado, é altamente contraditória, pois não resta outra alternativa senão forjá-la a partir da presente situação problemática – esquizoide, a chamam alguns! – em que estamos, irremediavelmente, "dentro". Entretanto, estamos "dentro" de uma forma Estado cuja "extinção" é facilitada pela fissura aberta em virtude da crescente autonomização da sociedade frente à forma Estado e sua potencialização como fonte material de normatividade. É evidente que a sociedade se transforma cada vez mais abertamente em uma ordem civil de batalha entre burgueses e proletários, mercados e comunidades/movimentos, poderes constituídos e poderes constituintes, na qual se debate os fins éticos e a forma de governança que animarão dita autonomização em direção ao futuro. O desafio histórico: comunização ou barbárie!

Como entender o atual processo ampliado de prescrição normativa e constituição de positividade sob o Estado de subsunção real, para o qual o direito é um fato de força cuja eficácia atribui efeitos normativos ou em que o *rule of law*, em todo caso, está determinado pelas relações contratuais privadas que interatuam no mercado, como nova fonte de normatividade? Que fazer ante a presença assimétrica e contraditória de fluxos normativos plurais, relativamente autogestionados e autônomos, que transbordam o marco do direito moderno? Como caracterizar este processo constitutivo frequentemente caótico e desordenado de normatividade que se move dentro de um marco de excepcionalidade crescente? Entretanto, estou convencido de que sua caracterização e ordenação nos compele a reconhecer a impossibilidade de restaurar o que até agora entendíamos por Estado, governabilidade e regulação social, tanto sob o liberalismo como sob o socialismo.

Nesse sentido, ao falar hoje da forma Estado, deve-se partir de sua dimensão temporal e espacial. Da mesma forma que o direito, o Estado é produto de uma relação social específica e historicamente determinada: a subsunção real e completa da vida sob as relações de poder características do capital.

Estamos em meio a uma ruptura de época. Marx e Engels advertiram magistralmente no *Manifesto Comunista* o sentido transformador que o capitalismo traz inerentemente: "Tudo que é sólido se desmancha no ar, tudo que é sagrado é profanado e os homens, ao fim, se veem forçados a considerar serenamente suas condições de existência e suas relações recíprocas". O capitalismo reconfigurou o mundo em direção a uma identidade totalizante que se evidencia cada vez mais como mentira, partindo de suas pretensões em sujeitar o Estado-nação e suas estruturas governamentais a mando global de um capital selvagem e prepotente, operando a partir de uma institucionalidade supranacional (FMI, OMC, BM, BCE, CE, OTAN, entre outros), alheia a qualquer controle democrático por parte dos povos e sociedades. Entretanto, não se pode negar que este novo século trouxe, intrínseca a ele, a potencialização de formações sócio-históricas desorganizadas, em que a pluralidade emerge com força para contestar a falsa identidade do mundo globalizado. Assim, falar do "Estado", em particular de sua forma primordial como *Estado da subsunção real,* é referir-se a um campo minado de contradições, sobretudo de lutas.

Claro está, Adorno nos diria, que estamos irremediavelmente sujeitos a essa dialética negativa, enquanto ontologia da falsa situação histórica em que nos inseriram.[31] Como tal, estamos forçados a estar mais com a negação crítica do que com a afirmação acrítica. Por isso, deve-se tirar as vendas da falsa situação e do conceito por trás do qual se pretende ocultar a contradição. Deve-se desmistificá-los em sua identidade enganosa.

Conclusão: por uma teoria comunista do direito

Enfim, a teoria marxista do direito ou, melhor ainda, comunista do direito, não apenas existe, mas está em permanente devir, assim como está seu objeto de estudo: o direito enquanto relação social e de poder. Nesse sentido, o desafio que se confronta na presente conjuntura histórica de crise sistêmica e, inclusive, civilizatória da ordem capitalista, consiste em redescobrir o horizonte teórico que representa o marxismo desde suas origens e, a partir delas, atualizar a crítica jurídica comunista apoiando-se nas pertinentes contribuições de figuras como Pachukanis e Foucault, dentre outros.[32]

---

31 ADORNO, Theodor. *Dialéctica Negativa*. Madri: Taurus, 1984, p. 18-19.
32 Entre estes, desejo destacar a extensa obra de crítica jurídica marxista, conciliada com um kelsenianismo crítico, realizada pelo argentino-mexicano Oscar Correas. Ver, por exemplo, a já citada *Introducción a la Crítica del Derecho Moderno (Esbozo)*, nota 18; e *Kelsen y los Marxistas*. Cidade do México: Ediciones Coyoacán, 1994. Correas sustenta a tese de que na América Latina "uma parte do pensamento jurídico marxista se reconciliou com Kelsen de modo tal, que hoje se pode dizer que a crítica jurídica marxista tem duas vias de acesso: o filósofo vienense e Pachukanis. E deve se recordar que Kelsen ajustou suas contas com Pachukanis, com muito respeito. A reconciliação com Kelsen veio com a compreensão de que a teoria deste não impede a reflexão sobre os conteúdos do direito". CORREAS, Oscar. "*Marxismo, Derecho e Crítica Jurídica*". In: SANTIAGO FLORES, Luis; ESPINOZA HERNÁNDEZ, Raymundo (ed.). *Para una Crítica Jurídica Marxista*. Cidade do México: CEIICH-UNAM, 2010, p. 27. Entretanto, a contribuição valiosa do companheiro transcende seus interessantes e controversos esforços por desfazer os erros teóricos da teoria pura de Kelsen. Em particular, seus trabalhos em relação ao pluralismo jurídico e, particularmente, os sistemas normativos dos povos indígenas, foram reconhecidos como aportes singulares à crítica jurídica marxista em Nossa América. Ver, por exemplo, seu trabalho intitulado "Teoria del Derecho y Mundo Indígena". In: CORREAS, Oscar (coord.). *Derecho Indígena Mexicano I*. Cidade do México: CEIICH-UNAM/Ediciones Coyoacan, 2007, p. 15-188.

Na base do que foi anteriormente exposto, desejo propor os seguintes dez elementos básicos para a articulação atual de uma teoria marxista ou comunista do direito:

I. Deve-se vê-la como um teoria crítica total, isto é, uma crítica que aborda a realidade social não a partir da abstração lógico-formal – como ficção ideológica – mas de sua compreensão como totalidade complexa, contraditória e interativa, a partir da qual o direito é efetivamente conhecido mediante seu *movimento real* ou desenvolvimento concreto e efetivo, como seria, por exemplo, com o novo constitucionalismo latino-americano e suas determinações reais, para além dos textos constitucionais, na situação real de forças que o materializa;

II. Deve-se visualizá-la como uma teoria dinâmica a partir da compreensão dialética dessa totalidade social e de suas contradições permanentes, o que impõe a negação crítica da falsa situação atual sob o capitalismo, ao passo que a afirmação acrítica ou ingênua desta conseguiu unicamente entronizar uma falsa consciência da realidade;

III. Deve ser uma teoria que parta de uma ruptura epistêmica em relação às fontes de produção de conhecimento e normatividade que prevaleceram sob o direito burguês, em particular mediante a potencialização exponencial de atos de autoridade ou constitutivos de prescrições normativas de uma multiplicidade de focos populares. A *revolução* se converte em fonte material determinante e direta de normatividade. Sob esta ruptura epistêmica, a liberdade é imanente, ou seja, se afirma a partir de uma normatividade que resulta da autodeterminação e que não se roga da sobredeterminação de um direito estadocêntrico. Não se deve confundir, então, liberdades com direitos;

IV. Trata-se de uma teoria para a qual o direito é uma relação social e de força historicamente determinada, em que os modos de produção social e as relações sociais e de poder correspondentes são chaves para entender a realidade social. Concebe uma relação íntima entre direito e socioeconomia, a qual é determinante, sendo o primeiro a expressão reificada da segunda. Uma teoria assim é, por sua própria natureza, uma crítica anticapitalista e comunista, e nesse sentido se propõe à negação e à superação da forma valor como principal fonte de normatividade;

V. É uma teoria que compreende que por trás do Estado de Direito sempre existe um *Estado de fato*. Isso torna-se cada vez mais evidente ante o atual processo de subsunção real que vivem as sociedades capitalistas, o que se traduz na debilidade das mediações de costume entre fato e direito, mercado e Estado, assim como em seus processos expansivos e totalitários de ampliação do domínio do capital como fonte quase-absoluta de normatividade. O *Estado de fato* é hoje o *Estado da subsunção real*;

VI. Falamos de uma teoria que se proporha à descolonização total da vida como resposta efetiva ao atual processo de subsunção real dessa mesma vida, em todos seus âmbitos sob o presente domínio do capital. Trata-se da destruição de todas as relações de domínio, em todas suas formas e manifestações, desde as capitalistas e as colonialistas até as patriarcais e as racistas, dentre outras;

VII. Refere-se a uma teoria para a qual as categorias de classe social, luta de classe e correlação real de forças são importantes. O conflito é central a qualquer compreensão do fenômeno jurídico pois sem este não haveria necessidade do direito para a regulação das relações sociais e de poder. A relação jurídica é uma relação dinâmica e complexa entre vontades, com sua força concomitante, resultado de sua situação de classe e do grau de poder efetivo à sua disposição;

VIII. É preciso constituir uma teoria que afirme a importância do *não direito* – e assim tirá-lo de sua atual ocultação –, esse outro modo de regulação social no qual podemos reconhecer outras vias de normatividade, alternativa e autodeterminada, ou seja, um modo de sociabilidade baseado em relações de reciprocidade solidária cujos fundamentos estão no amor compreensivo, na afetividade e na cooperação. Trata-se de um pluralismo normativo sob o qual o *não direito* erige-se como forma realmente primária de regulação de uma sociedade dada, por ser essencialmente uma forma imanente, não adversa e moralmente sensível. Assim, uma teoria comunista do direito é, por sua vez, uma teoria do *não direito*, na medida em que se propõe à extinção gradual do direito como modo predominante de regulação social, e à socialização e democratização progressiva dos processos de produção normativa e de decisão política. De igual modo, o Estado e os processos de governança necessitam se socializar e se democratizar, ou melhor, se transfigurar, se fazendo mais humildes, encarnando-se na *comunidade*;

IX. Uma teoria comunista do direito deve reconhecer, então, como os modos de regulação social movem-se necessariamente para além do direito e de sua positividade jurídica, em direção a um horizonte mais normativo ao qual nos encaminhamos por meio de uma ética viva do comum. É ali que existe hoje a possibilidade de uma estrutura alternativa de existência para a ordenação normativa;

X. Finalmente, trata-se de uma teoria crítica que tem sua razão de ser na prática revolucionária anticapitalista, isto é, na transformação radical de nossas circunstâncias atuais e não na mera compreensão ou reforma destas.

Estando atravessado pela economia política do capitalismo, sobretudo nessa era de subsunção real da vida em todos os seus âmbitos às lógicas dominadoras do capital e sua norma-capital, o direito constitui uma trincheira da qual se possa promover transformações radicais? O direito não pode deixar de ser direito, isto é, um modo de regulação social hierarquizado e coercitivo, não importa seu conteúdo enunciativo pois está fatalmente marcado por essa relação social e de poder historicamente determinada que é o capital. No capitalismo, a violência é imanente às relações sociais e de poder. Inclusive, para além da pretendida igualdade de direitos, o que existe sempre e de maneira irremediável é a correlação real de forças.[33] O direito é uma realidade de força, nasceu como força e sobrevive como força. Nesse sentido, a violência sempre está implícita, pois o Estado, ao menos em sua expressão atual, não constitui um árbitro neutro cujo objetivo seja a conciliação e a paz social, mas pretende exercer o monopólio sobre a violência com o propósito de assegurar a sujeição ao marco prevalecente de relações sociais e de poder. A violência resulta fundamental para a forma jurídica e é realmente surpreendente que se pense o contrário, ou seja, a violência como algo alheio à forma jurídica. Suas proibições são restrições à vontade de viver, da que nos fala Dussel,[34] como tendência originária do ser humano. Estas tendem à dominação e opressão de alguns seres humanos por outros, assim como a obstrução da potencialização do sujeito livremente determinado.

Em todo caso, é a luta de classes o verdadeiro conteúdo oculto por trás da forma jurídica, sendo o direito o instrumento utilizado majoritariamente pelo capitalismo para o exercício e reprodução permanente de seu domínio. Não se pode servir a dois mestres. Quanto a isso, dá testemunho o destino atual do

---

33 Ver, por exemplo, FEITOSA, Enoque. "Forma Jurídica e Método Dialético: a Crítica Marxista ao Direito". *In:* FREITAS, Lorena; FEITOSA, Enoque (org.). *Marxismo, Realismo e Direitos Humanos*. João Pessoa: Universitária UFPB, 2012, p. 147.
34 DUSSEL, Enrique. *20 Tesis de Política*. Cidade do México: Siglo XXI, 2006, p. 23-24.

"Estado social" ou "de bem-estar" na medida em que propôs-se, bastante timidamente, à socialização progressiva dos interesses e direitos patrimoniais e à materialização crescente da igualdade jurídica, sem romper com o sistema que procura a reprodução da propriedade privada a partir de um contexto em que a desigualdade é substancial. Para isso privilegiou a juridificação de suas conquistas sociais e, como um castelo de cartas, foi progressivamente demolido pela realidade obcecada desse mesmo direito, que se deve, em última instância, a um só mestre: o capital. O neoliberalismo constituiu um contragolpe estratégico para restaurar o poder quase absoluto da burguesia, para descartar a possibilidade de conciliação de classes no interior da sociedade capitalista e restabelecer condições de acumulação similares às preexistentes ao Estado social. Dessa maneira, esse sistema redefiniu o sentido de seu poder político e normativo para garantir a reprodução permanente do capital nessas novas circunstâncias.

Está claro quem é o mestre do direito e por qual razão não se pode pretender contestar e destruir seu poder com as mesmas ferramentas com que este garante sua normalidade e reprodução contínua. Assim, o Estado de Direito não pode constituir um fim em si mesmo e, menos ainda, um bem incontroverso, pois oculta as inequidades substanciais do poder. A partir do desmantelamento progressivo daquela parte do direito que pretendeu a conciliação entre as classes sociais, e da volta forçosa da exclusão grosseira e da criminalização das contestações das classes e grupos subalternos, que sentido tem insistir em recuar como única opção, quando estamos definitivamente ante o desafio de transpassá-lo e superá-lo como modo predominante de regulação social caracterizado por uma dialética concreta de progressão-regressão? Por isso, não se trata de voltar temerariamente à estratégia reformista de melhorar os conteúdos atuais do direito sem romper essencialmente com as determinações materiais de sua forma. Trata-se, na verdade, de encarar a produção de uma nova normatividade, libertadora, fora das determinações fatais da forma jurídica.

Enfim, o direito, repito, é uma relação social entre sujeitos abstraídos de seu contexto real, lutando entre si em um espaço social caracterizado pela troca de mercadorias, pela propriedade privada e pela distribuição desigual de riquezas, tudo isso sustentado pela violência, tanto a física como a institucionalizada ou seja, a alegadamente consentida. É por isso que temos que nos perguntar se acaso falar de um direito alternativo não seria algo realmente ingênuo ou quimérico, já que não será a crise atual, com todas as suas violências e visões da barbárie, ao fim e ao cabo, produto do mesmo direito? Por mais que custe aos juristas críticos entender e empreender a imperativa revisão histórica de nossa visão essencialmente juridicista, a luta anticapitalista não pode ser a luta pelo direito, nem por meio deste, sobretudo quando está comprovado que a sua persistência somente leva à reprodução do capitalismo. Se o que aspiramos é construir uma nova sociedade, uma nova ordem civilizatória dedicada à constituição do comum como horizonte de potencialização material da liberdade e da igualdade, não devemos nos reencaminhar para a desjuridificação das formas de regulação social? Para isso, não há mais voltas para dar: deve-se atrever a assumir o desafio teórico e prático lançado por Pachukanis.

5
O *NOMOS* DO COMUM

A mundialização do capital ocorrida nestes tempos está predicada na existência de três lógicas que coexistem, interagem e se codeterminam. Em primeiro lugar, há a aspiração permanente do capital em submeter de fato a vida toda, em cada rincão do planeta, sob seu poder e para seu benefício privado. O sistema-mundo capitalista é um espaço geográfico e econômico-político que aspira abarcar o planeta inteiro. Desde seu início, o capitalismo, através das grandes potências imperiais, se propôs à colonização real dos meios e forças de produção que até o presente momento eram desconhecidas ou haviam sido apropriadas apenas marginalmente em diversas regiões do planeta. Nesse sentido, a globalização atual é um processo mais amplo de ordenação histórico-social, que é inerente à economia-mundo capitalista desde pelo menos 1492.

Esquecemo-nos, às vezes, que o capitalismo constitui o primeiro sistema econômico e ordem civilizatória que aspira subsumir todo o mundo dentro de suas lógicas e processos. O que se conhece hoje como globalização é uma tentativa de retornar às lógicas de acumulação e internacionalização de fins do século XIX e princípios do XX, interrompidas pelo declive sofrido a partir da Grande Depressão de 1929-30. A chamada globalização é um novo ciclo sistêmico de acumulação que requer um espaço cada vez mais expandido.

Nesse sentido, o capital é um movimento de valorização e acumulação sem fim que parte de um processo de circulação e subsunção de aspectos totalitários, ainda que com crises recorrentes. Isso é o capitalismo: o valor que aumenta continuamente seu valor pela acumulação contínua de mais-valia como resultado de um processo social de produção e troca. Sob o mesmo, a acumulação de capital de poucos é sempre proporcional à acumulação de miséria e desigualdade dos demais, o que o apresenta com sérios problemas de legitimidade e governabilidade, dentre outras coisas.

O *nomos* do capital

Dessa forma, no presente momento, vemos como o capital depende, para sua reprodução ampliada, da superexploração, despossessão e precarização da força de trabalho, e para isso necessitou do esvaziamento progressivo da democracia, ou seja, do controle popular em nossas sociedades, para apoiar o capital em seus diversos interesses patrimoniais. Em seu lugar foi tecido e montado um novo modo de regulação social e governança dirigido fundamentalmente para garantir a acumulação ampliada e o livre movimento do capital, por meio do incremento da disciplina e da precarização do trabalho, bem como pela inclusão de todos os âmbitos da vida sob suas lógicas. Seus fundamentos normativos se encontram na economia neoliberal e a partir daí se articulam com uma sanha encoberta, a razão de Estado e a racionalidade jurídica que servirão para garantir a necessária estabilidade do modo dominante de gestão do capital. Nessa lógica subjuntiva, de dissimulação do fenômeno econômico no jurídico, está a segunda lógica que caracteriza o capital nestes tempos.

Exemplo eloquente disso são os novos tratados de "livre comércio" que foram negociados em Washington no governo de Barack Obama, dentro de um clima de segredos escandalosos, com o objetivo declarado de impor as novas normas e regras favoráveis ao capital que serão aplicadas durante o século XXI nas trocas entre países, incluindo processos privados de adjudicação de conflitos e controvérsias. Trata-se dos acordos multilaterais propostos do TransPacífico (TPP), o TransAtlântico (TTIP) e o que versa sobre o Comércio de Serviços (TISA). O governo atual dos Estados Unidos, presidido pelo magnata corporativo Donald J. Trump e integrado também majoritariamente por um grupo de bilionários e executivos procedentes de Wall Sreet, declarou que prefere acordos bilaterais como instrumentos mais idôneos para favorecer os interesses dos Estados Unidos. Por outro lado, há as tendências que se evidenciam em algumas das recentes decisões do Supremo Tribunal dos Estados Unidos nas quais se submete a esfera política eleitoral à esfera do mercado, para assim validar a intervenção corporativa ilimitada no controle daquela, ainda que juridicamente redefinida.[1]

Nesse sentido, sob o neoliberalismo, o *nomos* do capital introduziu mudanças significativas no modo de regulação social e de governança que o caracteriza, como expressão do *Estado de fato*,[2] o qual sempre esteve ao fundo, por trás do Estado de Direito, mas que hoje domina abertamente com uma ânsia totalitária. Sob aquele se produz uma clara imbricação entre a economia e o direito, pondo fim, de fato, a toda pretensão de autonomia relativa deste em relação à economia política. O fenômeno possui as seguintes características:

---

1   Ver, a respeito, BROWN, Wendy. *Undoing the Demos: Neoliberalism's Stealth Revolution*. Nova Iorque: Zone Books, 2015, p. 152-155.
2   Sobre o conceito de "Estado de fato", ver meu trabalho intitulado "O Estado de Fato", presente neste livro.

1. A economia política neoliberal já constitui abertamente a razão de Estado e a principal fonte material e imediata de prescrição normativa para toda a sociedade capitalista.³
2. A economia política capitalista tem sua matriz normativa na forma valor. A partir desta se aspira ordenar a vida em todos seus âmbitos, incluindo o modo de sociabilidade.⁴
3. A ordem econômica neoliberal ergueu, no novo regime de produção da verdade, subjetividade e poder das sociedades capitalistas contemporâneas, com uma vocação homogenizadora ou, se preferir, totalitária.⁵
4. As chamadas "leis" do mercado têm uma força constitutiva para além deste, reordenando toda a sociedade, conforme uma ética instrumental baseada no cálculo econômico capitalista e na instituição de algumas relações sociais concretas, de caráter desigual e excludente.
5. A ordem normativa neoliberal se fundamenta no critério de eficácia dos fatos e atos validados pelo mercado capitalista e pela posição dominante da classe capitalista

---

3 Michel Foucault entende que a economia política foi a razão governamental desde o século XVIII, sendo a matriz do poder público e de seu direito. FOUCAULT, Michel. *Nacimiento de la Biopolítica*. Cidade do México: Fondo de Cultura Econômica, 2007, p. 30, 56-58, 63-65.
4 Oscar Correas assinala que "a lei do valor é o *arkhé* do direito moderno", isto é, "que as normas jurídicas de uma sociedade de troca dependem, encontram sua explicação, seu ser assim e não de outra maneira, na lei do valor". CORREAS, Oscar. *Introducción a la Crítica del Derecho Moderno*. Cidade do México: Fontamara, 2000, p. 30. Sobre a função estruturante da forma valor, incluindo o modo de sociabilidade, ver GARCÍA LINERA, Álvaro. *Forma Valor, Forma Comunidad*. La Paz: CLACSO/Muela del Diablo/Comuna, 2009.
5 Foucault propõe que desde o século XVIII o mercado, sob o liberalismo, se ergueu e "um âmbito e um mecanismo de formação da verdade". FOUCAULT, Michel, *op. cit.*, p. 46. Por sua parte, Laval e Dardot nos dizem "o neoliberalismo não é somente destruidor de regras, de instituições, de direitos, é também produtor de certo tipo de relações sociais, de certas maneiras de viver, de certas subjetividades. Dito de outro modo, com o neoliberalismo, o que está em jogo é nada menos do que a forma de nossa existência, ou seja, o modo pelo qual nos vemos sendo levados a nos comportar, a nos relacionar com os demais e nós mesmos". Para eles, a nova subjetividade neoliberal é a da supressão total de todo sentimento de alienação e da implicação total de si com a racionalidade como nova e única razão de mundo. LAVAL, Christian; DARDOT, Pierre. *La Nueva Razón del Mundo: Ensayo sobre la Sociedad Neoliberal*. Barcelona: Gedisa, 2013, p. 13-14, 331.

nele, mais do que na norma jurídica, como prescrita até agora, estritamente, pelo Estado e suas diversas instâncias institucionais. É por isso que se deprecia o valor das ficções jurídicas e dos precedentes ante o valor e a força situacional dos fatos econômicos imediatos.

6. A força vinculante dos fatos normativos produzidos pelo mercado capitalista evita o controle democrático por parte dos cidadãos, aos quais não se reconhece a capacidade para decidir sobre si. O que determina em última instância sua vigência é o balanço real de forças no interior da luta de classes.

7. Os direitos humanos são privatizados em seus conteúdos e alcances, o que faz com que as pessoas deixem de se conceber como sujeitos de direito, sobretudo de direitos inalienáveis ou fundamentais, para em seu lugar entenderem-se como *vida nua*[6] em seu caráter de força de trabalho ou como consumidor, à disposição das forças selvagens do mercado; ou, no caso daqueles declarados como inimigos ou terroristas, seus direitos ficam suspensos em um estado excepcional de indeterminação sujeita ao arbítrio quase absoluto do

---

6 Trata-se de uma relação de poder nova que transcende a condição de ser como trabalhador ou cidadão, propondo implicá-la totalmente, ou seja, colonizá-la em todos os âmbitos de sua vida biológica, psicológica, além da social. O controle sobre toda a vida passa a ser objeto da política neoliberal, que assume a forma de um biopoder. Passou, assim, do poder da soberania exercido sobre um território e sua população ao poder sobre a vida concreta dos indivíduos e das coletividades. A função principal do biopoder é invadir e subordinar toda a vida aos controles e regulações do capital. Um poder assim, que tem como eixo a vida real, necessita de mecanismos de regulação não jurídicos, ou seja, mecanismos que não sejam formais e abstratos, mas reais e concretos. Algumas formas contemporâneas do exercício do biopoder são a tortura e a criminalização das greves e protestos. Outra forma que assume o biopoder é o temor, a insegurança pessoal ou o "choque", mediante o qual se induzem condutas sociais de submissão que de outro modo não teriam a possibilidade de serem adotadas. Enfim, a lógica subjacente é a submissão de todo foco de oposição ou resistência ao modo prevalecente de acumulação de capital. Sobre o conceito de vida nua, ver também AGAMBEN, Giorgio. *Homo Sacer: Sovereign Power and Bare Life*. Stanford: Stanford University Press, 1998, p. 153-156.

Estado e seus representantes (exemplos, Guantánamo e Ayotzinapa).[7]

Foi o historiador francês Fernando Braudel quem advertiu que: "O capitalismo só triunfa quando se identifica com o Estado, é o Estado".[8] O mercado capitalista chega a um ponto em seu desenvolvimento que pretende controlar-se, sem maiores subterfúgios, por seus próprios entencimentos normativos sobre a igualdade e a justiça, os quais são produzidos e administrados por ele mesmo. Daí vem sua preferência pela desregulamentação e pela privatização para se controlar sob suas lógicas e cálculos, particularmente o cálculo de rentabilidade (benefício privado). Também busca que o Estado e o direito, por sua parte, recorram e garantam a livre circulação de mercadorias e dinheiro, assim como a livre disposição da propriedade e da liberdade contratual, sem outras limitações além das formalmente pactuadas ou consertidas entre as partes. O mercado capitalista pretende encobrir a realidade estratégica detrás de seus processos decisórios e normativos, ou seja, o fato do caráter desigual e excludente, para não dizer crescentemente concentrado, da propriedade privada como instituição e a inexistência de uma liberdade contratual real.

Assim, estamos ante um modo não apenas de acumulação, mas também de regulação e governança que tende a repetir algumas das características do capitalismo selvagem de fins do século XIX e princípios do XX. Agora, esse modo também se diferencia sobretudo na busca por aperfeiçoar um regime de regulação e governança que controle e reprima toda ameaça à hegemonia da classe capitalista, tanto em termos locais como

---

7 Parece que Walter Benjamin tinha razão quando dizia que a exceção sempre foi uma regra básica substancial do Estado de Direito burguês. Esse entendimento constitui um imperativo estratégico para qualquer projeto de transformação antissistêmica. BENJAMIN, Walter. *La Dialética en Suspenso: Fragmentos sobre la Historia*. Santiago do Chile: ARCIS/LOM, 2002, p. 53.
8 BRAUDEL, Fernand. *Afterthoughts on Material Civilization and Capitalism*. Baltimore: Johns Hopkins University Press, 1977, p. 64-65.

globais. Trata-se de uma mudança de não pouca expressão no seio do modo de produção capitalista, com o surgimento hegemônico de um discurso dos mercados[9] que se põe, desde nossa redução à *vida nua*, no controle direto sobre os atos e as palavras das pessoas e das coletividades, assim como de sua subjetividade, a partir de uma rede de dispositivos de poder, tanto velhos como novos, políticos como técnicos, sob os quais somos todos real ou virtualmente culpáveis, como o personagem Josef K. de Kafka, e assim, sentenciados a "morrer como um cão".[10]

Margaret Thatcher dizia que no caso do neoliberalismo: "O objetivo é mudar a alma".[11] Falamos, nesse sentido, de uma forma de relação social que constitui uma alienação maior: a *foraclusão do sujeito* como expressão, por um lado, da doxa neoliberal e sua postulação totalitária dos mercados e seus fundamentos normativos como fenômeno natural que vai para além da vontade humana e, inclusive, de seus sonhos e rebeldias e, por outro lado, a oportunidade perdida ou fracassada de transformação antissistêmica durante o século passado em que reinou a vontade de ruptura com o capitalismo e a construção de uma nova ordem civilizatória potencializadora do comum. Uso aqui o conceito de *foraclusão do sujeito* não em um sentido estritamente lacaniano, ou seja, em relação à psicose como resultado do confronto com o impossível e da capacidade do sujeito para significar a si mesmo e suas circunstâncias ante a desintegração que experimenta do real.[12] Tampouco me limito a seu sentido jurídico – de onde Lacan toma inicialmente o conceito – como a prescrição de um direito não exercido dentro dos termos legais

---

9 Sobre o discurso dos mercados, ver a interessante proposta teórica, partindo de uma perspectiva lacaniana, de BRAUNSTEIN, Néstor. *El Inconsciente, la Técnica y el Discurso Capitalista*. Cidade do México: Siglo XXI, 2011, especialmente p. 148-177.
10 KAFKA, Franz. *O Processo*. São Paulo: Companhia de Bolso, 2005.
11 "Economics Are the Method. The Object is to Change the Soul". *Sunday Times*, Londres, 7 mai. 1988.
12 Ver o texto "Uma Questão Preliminar a todo Tratamento Possível da Psicose". *In*: LACAN, Jacques. *Escritos 2*. Buenos Aires: Siglo XXI, 2002, p. 509-527.

estabelecidos. E se ambas acepções estão presentes como referências sugeridas, o que uso é o conceito normativo e filosófico. Refiro-me ao sujeito de um tempo perdido, ou seja, aquele produto de um tempo em que se esgotou ou se deixou lograr com êxito uma possibilidade histórica de transformação antissistêmica que daria um novo sentido à vida, eticamente sensível, para além da ordem civilizatória capitalista e colonial. Trata-se do sujeito que é incapaz de realizar sua *potentia*, sua promessa dentro de certas circunstâncias cujos sentidos se apresentam como inevitáveis e impossíveis de mudança. Trata-se de um sujeito condenado a certa inércia dialética em que está compelido a perambular pela história, ou, pelo que é pior, pelo nada de um tempo que se diz a-histórico. É o sujeito da vida nua.

O capital como relação social contraditória

Pois bem, deve-se sublinhar que a extensão real do poder do capital esteve entrelaçada com outra realidade: a intensificação da exploração do homem pelo homem, assim como a proletarização e precarização real de vastos setores sociais, tanto da cidade como do campo, que se somaram como produtores dentro dessa grande oficina ampliada de produção social que se tornou a sociedade capitalista atual sob o neoliberalismo. E a partir desta terceira lógica, trágica à primeira vista, por estar marcada por uma crescente desigualdade social, é que surge a potência contestatária. Dessa forma, o capital se revela como uma relação social contraditória (dominação/contestação), formalmente equivalente, mas de fato desigual.

A intensificação da exploração sempre potencializou contestações e transformações, como bem testemunham experiências históricas concretas, tais como, na Europa, a Revolução de 1848, a Comuna de Paris de 1871 e a Revolução Bolchevique de 1917; na Ásia, as Revoluções Vietnamita (1945) e Chinesa (1949); as lutas anticoloniais e anti-imperialistas dos países do chamado Terceiro Mundo em favor de uma nova ordem econômica e política mundial, durante as décadas de 1960 e 1970; ou a Revolução Mexicana de 1910, a Revolução Cubana de 1959, a Revolução Sandinista de 1978 na Nicarágua e o processo revolucionário da Unidade Popular no Chile de 1970-1973. Neste novo século, em meio ao que tanto Wallerstein como Arrighi assinalam como uma crise sistêmica terminal do capitalismo,[13] somos testemunhas em Nossa América de experiências contra-hegemônicas tais como as da Venezuela, Bolívia e Equador, assim como as ocorridas no interior do México, em Chiapas, Guerrero, Oaxaca, Michoacán, Morelos, entre outras. Trata-se de processos, não sem contradições, que contêm, porém, uma potencialidade de mudança sistêmica e, inclusive, civilizatória frente à nova ordem capitalista neoliberal.

Muitas vezes nos esquecemos que o capital é, nesse sentido, uma relação social dinâmica e expansiva de poder entre a hegemonia exercida pela classe capitalista e, sobretudo nestes tempos, por uma hiperburguesia transnacional, e pela presença muitas vezes oculta ou subjacente, mas não menos real, representada pelas potências emancipatórias que contêm forças sociais exploradas, reprimidas e marginalizadas pela primeira. Na medida em que as condições opressivas da produção social capitalista se fazem intoleráveis para sustentar a vida dessa maioria subalterna, se potencializam lutas e, mais importante ainda, propostas concretas de contestação frente à hegemonia da qual até agora desfrutaram as classes capitalistas crioulas, que são em grande medida intermediárias dos interesses expansionistas da hiperburguesia global. Forja-se assim, golpe a golpe, uma lógica de acumulação de poder constitutivo de outro modo de vida. A tirania dos mandamentos do capital, como expressão dos interesses particulares da minoria, se enfrenta com as aspirações de

---

13 ARRIGHI, Giovanni. *The Long Twentieth Century*. Londres/Nova Iorque: Verso, 2010, p. 371-372, 378-385.

liberdade e progresso comum da maioria, dentro do que constitui uma ordem civil de batalha sob todas as luzes.

Toda a história do direito em Nossa América, desde a conquista imperial europeia do chamado Novo Mundo, teve como finalidade a ordenação econômica, social e política pelas potências imperiais para a acumulação de capital, em suas diversas formas. Eu a qualifico como o *nomos* do capital. Sua matriz normativa está na forma valor e na instituição burguesa da propriedade privada. A partir desta se constitui uma subjetividade colonizada e alienada, pois o sujeito jurídico não é mais do que o reflexo das desiguais relações sociais de produção e troca, assim como de poder, que a caracterizam.

Por *nomos* entende-se um grande e estratégico processo social, de caráter contraditório, atravessado por relações e lutas por poder, a partir das quais se produzem as decisões, os atos ou fatos constitutivos que dão sentido à ordenação política, econômica e social do mundo.[14] Contra toda fetichização ou endeusamento do fenômeno jurídico, o *nomos* se manifesta além do mero direito e de sua predominante forma jurídica estadocêntrica e legicêntrica. O devir histórico do ser humano não é produto de regras e normas jurídicas em abstrato. É produto desse fato histórico constitutivo com uma força material e normativa avassaladora: a forma em que uma sociedade ou comunidade dada se apropria dos meios de produção e troca, incluindo a terra e seus recursos, determinando a acumulação e a distribuição da riqueza social. Trata-se de definir o sentido histórico que a anima, assim como as contradições que existem em seu seio, o que constitui a fonte material determinante das distintas formas de sociedade ou comunidade, e de todo modo de ordenação e regulação social, de todo o direito ou normatividade social ou comunitária.

---

14 Ver SCHMITT, Carl. *El Nomos de la Tierra*. Buenos Aires: Struhart, 2003, p. 48-53.

O direito é produto do balanço real de forças

Um exemplo disso foi o conflito que ocorreu em 2009 na Amazônia peruana ante a tentativa do governo neoliberal do então presidente Alan García de se apropriar "no interesse nacional" das terras dos povos indígenas da Amazônia, mediante a aprovação de uma série de decretos controversos. Tinha como propósito manifesto sua entrega posterior ao capital transnacional, sob os termos do Tratado de Livre Comércio (TLC) assinado com os Estados Unidos, para a exploração das ricas jazidas petrolíferas que existem sob a superfície. Dita política era responsável pela entrega ao capital transnacional de mais de 44 milhões de hectares, cerca de 68% da Amazônia peruana, política que continuou sob o ex-mandatário peruano, Ollanta Humala, o que também explica as contínuas batalhas que giram em torno desta e suas consequências funestas para as comunidades indígenas diretamente afetadas.

Tal ânsia privatizadora questionável pretende se fundamentar na controversa ideia de que o progresso no Peru virá apenas com o resultado de um grande investimento que só está ao alcance do grande capital transnacional. Este investimento necessita de propriedade segura e as demandas por terra das comunidades indígenas obstruem esse fim. Ante esse fato, o mandatário peruano García alegou que no caso indígena existe apenas uma "aparência" de direito de propriedade, já que para que ele fosse, as comunidades indígenas teriam que contar com a formação e os recursos econômicos para o uso e o gozo devido de sua alegada propriedade. Portanto, "sua propriedade é aparente", dizia o chefe de governo peruano em um ato de acrobacia jurídica pela qual pretendia apagar assim, com golpe e violência, todo direito de propriedade dos indígenas por serem pobres. Nesse sentido e seguindo a pretendida "razão jurídica" de García, o Estado está aí somente para amparar e reconhecer como efetivos os direitos dos ricos.

O que se opõe, segundo García, só "joga a revolução" como parte da "grande conspiração do comunismo internacional". Diante disso se criminalizaram tanto as demandas como os protestos de milhares de indígenas, concentrados em torno do povoado amazônico de Bagua, o qual foi sitiado e reprimido.

O indígena fica assim à mercê de fazer valer, pela força de sua luta, a efetividade de seus direitos, isto é, de produzir fatos com força normativa que não dependam, em última instância, de seu reconhecimento por parte do Estado, a não ser em um caminho favorável no balanço real de forças. E Marx tinha razão quando insistia que mais do que os direitos abstratos de cada sujeito jurídico, o que prevalece finalmente no direito é o balanço real de forças. A forma jurídica serve no fundo para apontar um modo de ordenação e regulação social predicado na coerção e na sanção para compelir à submissão pela ordem capitalista prevalecente.

Da mesma forma, Marx insiste que quando se trata de relações de propriedade não é questão de superar as deficiências destas, nem de regulamentá-las segundo princípios racionais. Por trás dessas "regras racionais" jazem leis econômicas, diante das quais e de sua fria necessidade sucumbem todas as leis de equidade. Também a liberdade fica limitada e mediada pela lei burguesa e pelo ser humano reduzido a uma mônada isolada. Vem daí a necessidade de sua transformação, ou, inclusive, de sua abolição. Marx aponta que "a propriedade privada não é uma relação simples e muito menos um conceito abstrato, um princípio, mas consiste na totalidade das relações burguesas de produção".[15]

Por sua parte, o líder indígena peruano Salomón Aguanash, presidente do comitê de luta que liderou as ações em Bagua, assinala: "Não rechaçamos o desenvolvimento, queremos o progresso, mas, faz tempo, nos separaram como se pertencêssemos

---

15 JARAMILLO, Rubén (ed.). *Karl Marx, Escritos de Juventud sobre el Derecho. Textos 1837-1847*. Barcelona: Anthropos, 2008. p. 164-165.

a outro países, não nos levaram em conta. Não nos trouxeram nem o desenvolvimento agrário nem o econômico com suas propostas". E prossegue: "Nós desconhecemos o tipo de desenvolvimento que nos oferece o presidente, porque não é sustentável e atenta contra a Amazônia, que é patrimônio de todos. Por isso, se o governo insiste em nos marginalizar e em não revogar os decretos, já não vamos bloquear estradas, mas vamos colocar nosso marco (limite) para estabelecer até onde as autoridades podem ingressar em nossos territórios".[16]

Enfrentam-se assim duas concepções do direito de propriedade, identificada cada qual com uma concepção própria de soberania. Por um lado, o direito de propriedade burguês, próprio da soberania erguida em função do *nomos* do capital e indicada pelo Estado das elites nacionais e internacionais; e, por outro lado, o que chamo o *nomos* do comum, cuja matriz está na comunidade, sobre o qual elaborarei melhor adiante.

Por fim, a história da luta de classes se coagula hoje em torno de lutas concretas como esta. Suas possibilidades redentoras repousam precisamente sobre os ombros desse sujeito coletivo proletarizado, encarnado no indígena, que desde suas raízes étnicas e comunitárias imprime em nossa história de cada dia um inusitado ímpeto que aspira a outra forma de progresso, sem exclusão de alguns seres humanos.

Põe-se, assim, na ordem do dia, a centralidade estratégica da comunidade como ponto de partida de uma transformação radical da sociedade para além da lógica distorcida do grande capital. A respeito, sentencia García Linera: "De fato, em países como os latino-americanos, a esta altura, a possibilidade de uma autêntica insurgência contra o domínio do capital parece impensável sem a classe comunal e sua luta para universalizar a racionalidade social

---

16 Sobre este conflito de 2009 na Amazônia peruana, ver RIVERA-LUGO, Carlos. "La Potencia Indígena". *Rebelión*. 16 jun. 2009. Disponível em: http://www.rebelion.org/noticia.php?id=87181. Acesso em: 19 nov. 2018.

comunal que a caracteriza". Neste caso, adverte que para que essa potência brote como um bloco alternativo de forças capaz de instituir uma nova hegemonia, democraticamente fundamentada, "se necessita que os próprios portadores corporais do trabalho vivo sejam capazes de se reconhecer, de se desejar, de se apropriar material e diretamente do que eles fazem em comum".[17]

A colonialidade do direito indígena

O direito estadocêntrico é constitutivo de uma subjetividade subordinada de povos e de comunidades indígenas, bem como a população periférica de um Estado com pretensões de ser reconhecido como comunidade universal quando, em seu caráter tanto de sociedade política como de sociedade civil, não passa de outra coisa que o fruto da ordem capitalista. Essa marginalidade busca somente reduzir os povos e as comunidades indígenas a uma condição de desigualdade como o *outro* não civilizado e, portanto, incapaz de governar a si mesmo e de se dar a própria justiça. "Sujeitos sem história", os chamou Hegel. Nesse contexto, se constroem subjetividades submetidas à ordem estabelecida, sob a ficção da existência de um vínculo contratual: a submissão voluntária à autoridade estatal. Mas, na realidade, o que garante a obediência não é o consentimento do governado, mas o temor de que este seja objeto de violência por parte do Estado ou da própria repressão. Partindo das margens nas quais são obrigados a habitar, existem como sujeitos jurídicos de segunda classe, sob um Estado de Direito que, em seu caso, é algo ambíguo e indeterminado, estando o alcance de seus direitos sujeito ao reconhecimento que, contingentemente, dê o Estado. Isso explica a constante arbitrariedade, violência e impunidade de que são vítimas em suas relações com o Estado, pois, mais que sujeitos de direito, eles são concebidos como sujeitos reais ou

---

17 GARCÍA LINERA, Álvaro. *La Potencia Plebeya*. Buenos Aires: CLACSO/Prometeo, 2008, p. 65, 93.

virtualmente transgressores que exigem disciplina e, se necessário, que sejam reprimidos ou eliminados. O direito estadocêntrico cumpre assim uma função colonizadora ou normalizadora do sujeito em função das lógicas dominantes do capital.

É que fora desse ilusionismo jurídico, incluindo a reificação da forma jurídica, que tende fatalmente ainda a permear a compreensão sobre os múltiplos processos sociais e comunitários que são hoje fontes materiais de fatos com força normativa na sociedade capitalista contemporânea, estamos forçados a admitir, de uma vez por todas, que a realidade da legalidade capitalista está precisamente em sua abstração, ambiguidade e violência para com a imensa maioria. A função simbólica ou aparente, que permitiu ao Estado de Direito manter sua legitimidade por tanto tempo e que ainda na atualidade alguns juristas críticos continuam a valorizar, foi desmentida em grande parte pelos fatos sociais.

A contradição histórica entre a natureza social da produção e o caráter privado da acumulação capitalista adquiriu traços cada vez mais dramáticos. Diante de tal fato, as aparências se chocam abertamente com a realidade crua, dificultando com isso a regulação do concreto. Em meio à dissonância social crescente que ela provoca, o que se impõe finalmente como critério de validação em última instância é o contexto estratégico de aplicação deste Estado de Direito que surgiu e o balanço real de forças que o determina em seus conteúdos normativos e práticos. As liberdades alienáveis que afirmamos em suas margens ou para além da própria legalidade burguesa, os direitos adquiridos ou conquistados, ainda provaram que a sociedade está a sua mercê. Toda tentativa de autodeterminação normativa vinda das próprias comunidades, dirigida para prover sua autogovernança, se condiciona à opaca administração de um monismo jurídico estadocêntrico que pretensiosamente se postula como única fonte material de uma suposta normatividade legítima. Mas a sociedade, assim como seus processos de prescrição normativa e de ordenação social, não se dá em um vazio, senão que se apresenta como uma ordem civil e batalha entre forças, cada qual possuindo sua própria perspectiva normativa e estratégica.

A materialidade concreta do chamado direito indígena, independentemente da riqueza de suas fontes normativas – isto é, dos usos e dos costumes, assim como das decisões, das regras e dos acordos consensuais das comunidades indígenas – é o que arbitrariamente o Estado capitalista decide reconhecer unilateralmente. Há quanto tempo fazemos reformas constitucionais e legais que à primeira vista parecem alimentar esperanças de maior autonomia e maiores garantias de direitos, mas que pouco a pouco foram minguando em seus alcances efetivos ou desaparecendo completamente ante esse Estado neoliberal da subsunção real e total, e o novo ciclo sistêmico de acumulação por espoliação? Por exemplo, o que passou ao fim dos Acordos de San Andrés de 1996, em que o Estado mexicano se comprometeu, com o Exército Zapatista de Liberação Nacional (EZLN), a reformar a Constituição política do país em favor do reconhecimento dos direitos tanto individuais como coletivos dos povos das comunidades indígenas, que alguns qualificaram como parte de um alegado novo constitucionalismo multicultural?

O projeto neoliberal buscava, inicialmente, a constituição de um novo cidadão menos dependente do Estado para seu bem-estar e mais autônomo frente a este, sobretudo como força de trabalho e consumo, apenas sujeito às lógicas e forças selvagens do capital. Concebia, por um lado, um Estado fraco para fins de promoção material de um ideal de bem-estar individual por meio do livre mercado e, por outro lado, um Estado forte para garantir o marco de segurança necessário aos interesses do capital ante a crescente violência estrutural com a qual se marginalizavam cada vez mais membros da sociedade, sobretudo das comunidades populares, incluindo as indígenas. Inclusive, a promoção pelo neoliberalismo de uma suposta sociedade mais participativa e "empoderada" se faz neste contexto de segregação social e política crescente pela qual se pretende submeter os de baixo à margem do menoscabo da comunidade como espaço autônomo de decisão e prescrição. Separa-se o cultural da participação política real; reduz-se a participação política à autogestão administrativa do espaço comunitário sem questionar o modelo global de desenvolvimento ou crescimento; e se reduzem os modos de prescrição normativa das comunidades indígenas a meros usos e costumes subordinados às prescrições jurídicas do Estado, sobretudo as da Constituição. Esquece-se que o Estado de Direito burguês foi, historicamente e em essência, o reflexo dos usos e costumes dos donos dos meios de produção e de troca, e de seus interesses de classe para assegurar a reprodução permanente das relações de dominação que os sustentam. Por isso que veem com suspeita as novas experiências de justiça indígena e comunitária constituídas às margens da legalidade vigente, como no México com a polícia comunitária de Guerrero[18] ou no marco de autonomia ganho pela comunidade indígena de San Francisco de Cherán com a eleição de suas autoridades municipais em acordo com seus usos e costumes.[19] Finalmente, esses modelos alternativos de justiça e governança comunitária são entendidos como ameaça para o controle estatal sobre a justiça penal e a representação política. Negou-se assim, para todos fins práticos, qualquer possibilidade real de reconhecimento *de facto* e *de iure* de um pluralismo jurídico ou normativo.

Diante disso, me parece evidente que as possibilidades do multiculturalismo e do pluralismo domesticado do

---

18 Ver, por exemplo, CORREAS, Oscar. *Derecho Indígena Mexicano II*. Cidade do México: CEIICH-UNAM/Ediciones Coyoacán, 2009, p. 97-132; e LÓPEZ, Liliana. "La Democratización del Derecho. Legitimidad y Horizontalidad en el Sistema Comunitario de Justicia en Guerrero, México". In: XXVII Congreso de la Asociación Latinoamericana de Sociología, Buenos Aires, 2009.
19 ARAGÓN ANDRADE, Orlando. "El Derecho en Insurrección. El Uso Contra-hegemónico del Derecho en el Movimiento Purépecha de Cherán". *Revista de Estudos & Pesquisas sobre as Américas*, 7 (2), 2013.

neoliberalismo chegaram a seu fim. Pode-se dizer, inclusive, que o próprio neoliberalismo descartou o chamado "Estado multicultural" e em seu lugar se impôs o *Estado de fato* da subsunção real e total ao capital, o qual assume requintes de Estado policial ou de exceção. A subsunção real e total aos ditados do grande capital demandou a criminalização das manifestações sociais e do cidadão,[20] para finalmente o reduzir à vida nua, como mencionamos anteriormente. Prevalece um imaginário do Estado e suas instituições policiais e militares como instrumentos repressivos que atuam amparados por uma legalidade que deixou de ter aplicação e efeito igual para todos os cidadãos. Inclusive, os espaços conquistados, tais como os da Polícia Comunitária de Guerrero ou do autogoverno da comunidade indígena em San Francisco de Cherán, são permanentemente contestados pelo Estado.

A justiça própria da comunidade

Frente a isso, surgiu a teoria da *comunalidade* como proposta de alguns setores dissidentes da antropologia mexicana que aportam a superação da condição colonial-capitalista, tanto no campo como na cidade, da que é vítima o indígena. A partir dessa categoria viva que é a *comunalidade*, se procura apalavrar, de uma perspectiva emancipadora, um novo entendimento, imanente à comunidade, que inclui: o princípio da não apropriação privada do comum e, por conseguinte, a instituição de uma forma alternativa de propriedade definida como posse comunal; um sistema assemblear e consensual de governança; e um sistema normativo próprio, sobretudo consuetudinário, participativo e consensual, de administração de justiça comunitária.[21] Inclusive

---

20 Sobre este tema, pode-se referir, por exemplo, a CORREAS, Oscar. *La Criminalización de la Protesta Social en México*. Cidade do México: Ediciones Coyoacán, 2011.
21 DÍAZ GÓMEZ, Floriberto. "Comunidad y Comunalidad". 2004. Disponível em http://www.insumisos.com/lecturasinsumisas/Comunidad.%20y%200comunalidad.pdf. Acesso em: 19 nov. 2018; MARTÍNEZ LUNA, Jaime. *Eso que Llaman Comunalidad*.

a *comunalidade* se propõe como modo alternativo de produção, desenvolvimento e governança, fundamentado no princípio da autodeterminação, que não se limita em seu alcance às comunidades indígenas, mas também é pertinente para todo o México e suas diversas formas comunitárias, com suas respectivas expressões territoriais e socioprodutivas, como também marcos de experiências, afinidades e reciprocidades baseadas na cooperação e na solidariedade.

A tensão dialética entre o direito como relação social e de poder, e a justiça como aposta ético-normativa que rompe com a forma limitada e parcial do primeiro; e entre a legalidade estadocêntrica e a normatividade comunitária que se produz e se pratica às margens e ainda além destas, define o marco problemático da regulação social em que lutam ambos. Mas há algo que perigosamente o segue marcando: a subordinação da produção normativa subalterna à forma jurídica estadocêntrica, cuja matriz se encontra na forma valor e cuja racionalidade é expressão dos postulados e das lógicas político-econômicas do neoliberalismo. A dimensão prática da justiça comunitária, como marco alternativo de solução de conflitos e prescrição normativa que parte de um marco vivo de experiências histórico-sociais e culturais claramente diferenciadas, fica assim desvirtuada em seu sentido potencialmente afirmativo de um modo bastante diferente de regulação social e de governança. Isso tem o efeito de fazer a possibilidade de uma autêntica justiça comunitária depender do reconhecimento do Estado, obstruindo a possibilidade de que ela possa ser definida imanentemente desde dito marco referencial, e possa, a partir daí, dar outros sentidos, tanto substantivos como processuais, para

---

Oaxaca México: Culturas Populares CONACULTA/Secretaría de Cultura, Gobierno de Oaxaca/Fundación Alfredo Harp Helú Oaxaca, A. C., 2009; e BARKIN, David. "Hacia un Nuevo Paradigma Social". *Polis*, 33, 2012. Disponível em: http://polis.revues.org/8420. Acesso em: 19 nov. 2018.

a ordenação social e política, incluindo os próprios conteúdos do Estado de Direito, assim como a forma assumida pela normatividade em geral, para além do horizonte limitado da legalidade estadocêntrica.

Por exemplo, no *Primer Congreso Internacional de Comunalidad. Luchas y Estratégias Comunitarias: Horizontes más allá del Capital* celebrado no fim de outubro de 2015 na Benemérita Universidade Autônoma de Puebla, o intelectual e militante zapoteco, Jaime Martínez Luna, de Oaxaca, apontou a existência de uma luta epistêmica entre duas fontes de raciocínio normativo.[22] Por um lado, está o raciocínio ocidental, baseado na instituição da propriedade privada, no mercado capitalista, na mercantilização da vida inteira e nas relações de poder que se articulam sob estas. Por outro lado, está o raciocínio comunal baseado na nossa existência real, não reduzível aos indivíduos ou às relações econômicas entre eles, mas realizável a partir de nossa realidade e existência concreta em comum, isto é, como parte de um todo. O raciocínio comunal busca assim apalavrar ou significar algumas circunstâncias que se fundamentam no respeito, no trabalho e na reciprocidade. Trata-se de uma concepção relacional da vida em que categorias abstratas tais como "direito" ou "lei" se tornam problemáticas, assim como "administração da justiça", de caráter estadocêntrico, legicêntrico, classista, racista, adverso e mercantil. Frente à "lei" cuja autoridade é transcendente, excludente e coercitiva, e cuja legitimidade está baseada na ficção contratualista burguesa, o raciocínio comunal empunha em seu lugar o "acordo" que resulta da vontade expressa e da conversa entre os desejos das partes a partir de um processo comunal participativo e que sana qualquer dano produzido pelo não cumprimento das obrigações ou

---

22 Baseio-me aqui em minhas notas do trabalho "Derecho Próprio", apresentado por Jaime Martínez Luna no *Primer Congreso Internacional de Comunalidad. Luchas y Estratégias Comunitarias: Horizontes más allá del Capital*, na Benemérita Universidade Autônoma de Puebla, em outubro de 2015.

responsabilidades correlativas para viver em uma comunidade. À justiça se chega por meio do acordo livre e autonomamente determinado pelas autoridades correspondentes da comuna ou da comunidade, as quais foram eleitas livre, direta e abertamente, em assembleia, pelos membros da mesma comunidade. A justiça é ensinada a partir de processos devidamente guiados por regras e princípios que a própria comunidade também democraticamente deu a si. É que não se pode fazer justiça verdadeira sem democracia verdadeira.

No caso das comunidades zapatistas, se instituíram certos processos de justiça autônoma também fundamentados no acordo. Enquanto no chamado Estado de Direito a justiça se perde muitas vezes entre as nomeadas "verdades legais", por trás das quais se encobrem objetivos econômicos e políticos alheios a toda possibilidade real de se fazer "justiça de boas maneiras", nas comunidades autônomas zapatistas os processos buscam a solução de conflitos e problemas por meio do acordo reconciliador entre as partes, sem a intervenção de advogados e sem que algum pagamento as medeie. Tal foi o balanço positivo desses processos: de que ninguém mais se submete por sua conta aos processos estatais de administração da justiça e, inclusive, membros de outras comunidades não zapatistas que valorizam a superioridade da justiça comunitária em face da justiça oficial do Estado, buscam o auxílio daquela voluntariamente.[23] A justiça comunitária autônoma possui assim uma sensibilidade humana e um sentido reparador, não punitivo, que valoriza o ser humano em relação aos demais seres humanos com os quais convive. A justiça é o bem viver em reciprocidade solidária com os outros.

Existe uma disputa atual entre esta justiça comunitária imanente e sua versão domesticada e transcendente que pretende

---

23 Sobre a experiência zapatista de administração da justiça, ver, por exemplo, FERNÁNDEZ CHRISTLIEB, Paulina. *Justicia Autónoma Zapatista. Zona Selva Tzeltal*. Cidade do México: Ediciones Autónom@s, 2014, p. 210-225, 349-351, 362-365.

impor esse emparelhamento atual do Estado-mercado, do qual participa, com o poder factual do crime organizado e das expressões paramilitares das corporações multinacionais interessadas na apropriação sem limites dos recursos naturais localizados nos espaços territoriais povoados por comunidades opostas a seus desígnios extrativistas e contaminantes. Entretanto, às vezes tende a se projetar um maior interesse pela redução da justiça comunitária como mera solução de problemas e conflitos locais, do que pela articulação de um ataque estratégico à ordem jurídica centrada no Estado-mercado.

A experiência das Juntas de Bom Governo em Chiapas recebeu importante reconhecimento e legitimidade local. Segundo o filósofo mexicano Luis Villoro, constitui "um chamado à recuperação dos valores da comunidade no seio da sociedade moderna", o que o leva a ver na experiência dos Zapatistas a comprovação de que é possível um outro mundo contrário ao capitalismo mundial. Ele assinala ainda o desejo de "ir adiante com uma nova sociedade, onde os valores da comunidade sejam assumidos livremente. Seria uma associação onde a cooperação fraternal, baseada no serviço recíproco, seria o fim comum; uma associação onde o poder estaria controlado pela comunidade; onde toda autoridade *manda obedecendo*".[24]

A experiência zapatista demonstra a possibilidade real de disputar coletivamente o poder hegemônico vindo de baixo e não apenas de cima,[25] assim como a possibilidade de uma convergência positiva entre a cosmovisão maia e as perspectivas marxistas, sobretudo as relativas ao potencial revolucionário das formas comunitárias. A rebelião zapatista foi o primeiro golpe para iniciar a marcha para a refundação do tempo histórico,

---

24 VILLORO, Luis. *El Poder y el Valor*. Cidade do México: Fondo de Cultura Económica, 2012, p. 373- 374.
25 SIERRA, María Teresa; HERNANDEZ, Rosalva Aída; SIEDER, Rachel (eds.). *Justicias Indígenas y Estado*. Cidade do México: FLACSO/CIESAS, 2013, p. 37.

convenientemente decretado morto pelos neoliberais, representantes de uma espécie de *não tempo* histórico. Deve-se reconhecer, porém, que sua vigência contínua está determinada, em grande medida, pelo fato de que o EZLN segue armado para garantir e defender o que foi conquistado ante a perseguição por parte do Estado e demais inimigos.

O *nomos* do comum

Insisto que estamos presenciando a potencialização de uma nova normatividade, vinda de baixo, da comunidade, da rua, das praças, dos centros de trabalho e educação, e do movimento de movimentos, cujo eixo não está na norma econômico-jurídica do mercado-estado, mas na cooperação, na solidariedade e na afetividade. O desafio consiste em aprofundar e multiplicar essas experiências e práticas que negam e superam potencialmente o estado de coisas atual. Propagar e legitimar de maneira ampliada algo que já existe, ainda que, todavia, se negue o reconhecimento pleno de sua força normativa universal. Sobretudo, fazer comunidade, isto é, promover a reprodução ampliada desses focos potenciais transcapitalistas que são as comunas e as comunidades autônomas, propagar suas normas e práticas de outro tipo entre o resto da sociedade, promover suas lógicas de participação, cooperação e reciprocidade solidária, colocar em comum o que é justo, como fenômeno imanente, com o objetivo de fazer contra hegemonia. Deve-se entender que o comum só se potencializa a partir da atividade de implantação ampliada do justo, que não é o mesmo que a aplicação do direito como modo hegemônico de regulação social historicamente determinado e, insisto, historicamente esgotado. Não podemos seguir ignorando que ao redor dos diferentes modos de regulação social e governança se articulam também modos alternativos de vida e de ordenação do mundo.

A modernidade capitalista não apenas nos expropriou a força de trabalho, mas também pretendeu nos tornar alheios à nossa capacidade de produção normativa. Consequentemente, a luta para recuperar a capacidade de reproduzir livre e autonomamente nossas vidas deve pôr fim a esta alienação dual. Deve afirmar nosso poder normativo. É preciso superar o *nomos* do capital, profundamente individualista, e, assim, totalitário em suas lógicas transcendentes e triturantes, para potencializar a alternativa de um *nomos* do comum, ancorado na forma comunidade e em suas lógicas imanentes e inclusivas. Este *nomos* do comum se caracteriza pela negação da propriedade privada liberal-capitalista e na afirmação de um projeto histórico sob o qual a liberdade finalmente se emancipa das cadeias dessa instituição e, em seu lugar, se potencializam formas de equivalência e formas comunais de propriedade ou de posse, assim como de troca e, inclusive, de distribuição da produção social. O comum se inscreve como algo consubstancial à soberania popular ou, mais especificamente, à soberania comunitária, fincada na democracia radical, ou seja, de base. Tampouco podemos seguir ignorando que em torno dos diferentes modos de propriedade ou posse se cristalizam também modos alternativos de vida e de ordenação civilizatória.

Quando me refiro ao comum, o faço essencialmente como forma primordial que ordena um modo de produção e troca, assim como uma nova ordem civilizatória. Estamos falando de uma forma social que existe como impulso primordial, mas que foi sufocada em toda sua potência pelas amarras impostas pelas sociedades de classes, particularmente o capitalismo. As sociedades de classe preferiram processar suas expressões através da forma privada ou pública (estatal), inclusive sob o chamado socialismo real.

O comum foi um conceito ou categoria insuficientemente desenvolvido, que necessitamos seguir problematizando criticamente. É, nesse sentido, uma categoria que aspira a nomear e apalavrar um contexto material e de forças diferenciado que luta na atualidade partindo da base da sociedade capitalista e que contém a *potentia* de um outro mundo. Ele é, em parte, o eterno retorno do impulso comunista,²⁶ ainda que também a imperativa atualização crítica deste a partir de sua historicidade concreta.²⁷ Para Laval e Dardot, o comum "se tornou o nome de um regime de práticas, de lutas, de instituições e de investigações que apontam para um porvir não capitalista".²⁸ Nesse sentido, apesar das pretensões do capital para o subsumir totalmente sob seu domínio, emergem espaços que existem para além do capital, e esse "fora do capital" se apresenta como a pré-existência de formas potenciais transcapitalistas e descolonizadas.

Por isso, ao nos referirmos ao comum falamos tanto dos bens como das construções comuns. É nosso trabalho vivo e também nossas criações sociais coletivas. São nossas lutas, assim como os espaços de ação comunicativa e associativa que compartilhamos. São nossos processos de dizer a verdade e de fazer o justo, que partem de nós mesmos. São nossos saberes e nossas riquezas naturais. É a autodeterminação local, regional, nacional e internacional como governança de todos, por todos e para todos. O comum é nosso modo historicamente determinado de estar juntos e cooperar uns com os outros em torno de fins compartilhados e coletivamente benéficos.

26 Álvaro García Linera assinala: "O horizonte geral da época é comunista. E esse comunismo tem que se construir partindo de capacidades de auto-organização da sociedade, de processos de geração e distribuição de riqueza comunitária, de autogestão". STEFANONI, Pablo; RAMÍREZ, Franklin; SVAMPA, Maristella. *Las Vías de la Emancipación: Conversaciones con Álvaro García Linera*. Cidade do México: Ocean Sur, 2009, p. 75. Ver também: BADIOU, Alain. *The Communist Hypothesis*. Nova Iorque/Londres, Verso, 2009; e BENSAÏD, Daniel. "Potencias del Comunismo". *Viento Sur*, 108, fev. 2010 (Madri); dentre outros.
27 Para Antonio Negri, nos achamos hoje em "uma fase de vasta reconstrução ecumênica dos fundamentos do comunismo". "Trata-se de uma fase em que o que se está recuperando não é meramente o elemento revolucionário do comunismo – é dizer, tudo o que vincula imediatamente o comunismo com a luta, antagonismos específicos, etc. – mas também a um enorme contexto cultural que inclui extremamente diversos elementos". CASARINO, Cesare; NEGRI, Antonio. *In Praise of the Common. A Conversation on Philosophy and Politics*. Minneapolis: University of Minnesota Press, 2008, p. 107.
28 LAVAL, Christian; DARDOT, Pierre. *Común*. Barcelona: Gedisa, 2015, p. 22.

O comum se inscreve como movimento real de comunalização que nega e supera a ordem de coisas atual. Caracteriza-se, como já apontamos, pela existência em seu interior de um sistema normativo autogestionário que responde a visões de mundo alheios à forma jurídica, a qual historicamente assumiu a regulação social dentro da ordem civilizatória ocidental, com sua nefasta pretensão universal de validade, sem refletir em nada a cosmovisão relacional e comunitária dos povos e das comunidades indígenas. Por exemplo, no *Pupul-vuh*, o Livro da Comunidade, não há separação entre ideia e fato, crenças e normas. Não há uma dicotomia entre a palavra e o fato. A vida ou essência das coisas ou dos seres é imanente e não transcendente. O "nós" é a dimensão determinante da vida.

Por sua parte, o pensamento dos povos indígenas andinos também tem como característica fundamental a relacionalidade e complementariedade dos seres e de todas as coisas. A substância do ser está nessa relação entre entes e não nos entes individualizados e alijados próprios do direito ocidental. É por isso que sua concepção de normatividade é relacional. Assume-se a forma assemblear para deliberar e decidir sobre as coisas. Em termos gerais, o "Estado", como *constructo* artificial que está acima da comunidade é da mesma forma que o "direito", criatura da experiência histórica europeia. E, no fim, é um conceito estranho que é contrário à realidade material e à finalidade da comunidade. E falo de cosmovisões, pois sua normatividade tem como fonte não apenas a dimensão humana. Segundo elas, o ser humano é parte integral de uma ordem cósmica, que é a fonte última de seu universo normativo.[29]

A entrada em cena de novos sentidos e novas práticas de justiça por parte das comunidades questiona o modo predominante

---

29 Sobre este tema, se pode consultar, por exemplo, DUSSEL, Enrique; MENDIETA, Eduardo; BOHÓRQUEZ, Carmen (eds.). *El Pensamiento Filosófico Latinoamericano, del Caribe y "Latino" 1300-2000*. Cidade do México: Siglo XXI, 2009, p. 27-32.

de regulação social e governança, para o repensar para além do que se está acostumado. Trata-se de reconhecer que talvez seja necessário tomar consciência de que ambos são sistemas normativos, o estado-cêntrico e o comunitário, com a única diferença de que o primeiro é hegemônico no presente e o segundo subalterno e potencialmente contra-hegemônico.

O *não direito* como modo ordenador primordial

A normatividade social do comum transcende o âmbito limitado do direito estadocêntrico. O direito é algo menor que a constelação de relações e associações que existem entre os seres humanos. Não está presente em todas as nossas interações sociais por mais que aspire a penetrá-las e controlá-las a partir de sua racionalidade econômico-jurídica.

Já é hora de tomarmos clara consciência de que sempre existiram outras normatividades não jurídicas, isto é, não estadocêntricas, dentro de um contexto caracterizado de fato por uma pluralidade normativa proveniente de uma constelação de fontes materiais. Enfim, não faz falta o direito estadocêntrico para produzir normas socialmente vinculantes e eticamente edificantes.

Por exemplo, há o *não direito*.[30] Que é o *não direito*? É a norma social autodeterminada e eticamente fundamentada na cooperação e no bem comum. Referimo-nos à ordem normativa vivida, sem necessidade de sua formalização jurídica. Potencializa-se a partir da ausência do direito em certo número de nossas relações sociais.

---

30 Sobre o conceito de *não direito*, ver: CARBONNIER, Jean. *El Derecho Flexible. Para una Sociología no Rigurosa del Derecho*. Madri: Tecnos, 1974, p. 33-58; RODATÀ, Stefano. *La Vida y sus Reglas. Entre el Derecho y el No-Derecho*. Madri: Trotta, 2010, p. 25-91; RIVERA-LUGO, Carlos. *¡Ni Una Vida Más al Derecho! Reflexiones Sobre la Crisis de la Forma-Jurídica*. Aguascalientes/San Luis Potosí: Centro de Estudios Jurídicos y Sociales Mispat y Programa de Maestría en Derechos Humanos de la Universidade Autónoma de San Luis Potosí, 2014, p. 123-140 (Dissertação de Mestrado).

Ainda que não estejamos conscientes disso, a maior parte das relações sociais, como também as vidas individuais, se desenvolvem e se conduzem mediante a forma do *não direito*. Este é o modo ordenador primordial de todo processo de prescrição normativa e de regulação social. Nesse sentido, não deve nos estranhar que o modo de ordenação da vida em comum tenda sempre para o *não direito*, sobretudo em momentos de crise como o atual.

O *não direito* pode constituir um ato autônomo de vontade individual ou coletiva, diferenciador frente ao modo hegemônico de regulação social que é o direito. Também ele pode se manifestar mediante um ato consciente de desobediência ou rebeldia. Um exemplo é o ato de resistência ou rebelião contra alguma autoridade que invade a liberdade individual ou coletiva, ou ameaça a segurança ou bem-estar da sociedade ou da comunidade. Pode também emergir autonomamente para além do direito, como no caso da resistência, luta armada, clandestinidade, conspiração, subversão, protesto ou desobediência civil. O que o diferencia da ilegalidade? Nesses casos, o *não direito* constitui um impedimento à legitimidade do Estado e do direito, e põe em questão a própria legitimidade da autoridade do Estado, partindo da legalidade, para prescrever normas em substituição do povo ou da comunidade.

É evidente que a legalidade não pode ser reduzida à obrigação ou obediência absoluta, independentemente das contradições que possam existir com seus próprios princípios formais, como, por exemplo, a igualdade e o devido processo legal. Ela não pode se sustentar aberta e arbitrariamente na violência como autoridade reguladora externa que perdeu o consenso social e o aval popular, lhe restando somente a imposição, pela força, de suas decisões e atos. Nestas circunstâncias, o *não direito* se materializa na base do princípio da autodeterminação, que inclui a liberdade inalienável de se rebelar contra autoridades cujas ações já não contam com o consentimento real do povo por não satisfazer seus interesses e expectativas.

Devemos recordar que aqui o elemento decisivo é a vontade. Um ato jurídico é formalmente aquele em que existe uma manifestação de vontade destinada a produzir efeitos jurídicos sob o arbítrio exclusivo do Estado, ou seja, se propõe a inserir uma relação social ou humana dentro do âmbito do direito estadocêntrico. No entanto, a vontade do sujeito pode ser a de manter a relação fora da forma jurídica, isto é, no *não direito*. É o que ocorre com a ordenação autônoma de nossas associações como, por exemplo, as relações de amizade e de amor, as reações parentais e a militância política; as relações sindicais e políticas; as relações de cooperação e de luta.

A autonomia da vontade, não a apócrifa, mas a real, não existe apenas para criar o direito ou reclamar o reconhecimento do direito estadocêntrico, mas, ainda mais importante, inclui a liberdade para não criar o direito, não se submeter a suas relações, instituições e processos, permanecendo assim na condição autônoma do *não direito*, ou seja, na normatividade social ou comunitária, livremente prescrita e aplicada em função do comum. Devemos nos lembrar que a liberdade não é uma mercadoria ou algo cuja existência se deva a um título jurídico. Pertence à esfera do inalienável e autoagenciável.

A proposta marxista da comuna

Do que se trata, ao fim e ao cabo, é de potencializar uma justiça comunitária vinda desse *nomos* do comum que abre passagem como impulso histórico refrescante e que promete não seguir reproduzindo, por exemplo, um direito indígena construído à imagem e semelhança do *nomos* do capital sob o qual toda atribuição do comum constitui uma falsa esperança. Já advertiu Marx: não podemos esquecer o caráter do Estado burguês como "uma comunidade puramente ilusória", representativa de uma falsa universalidade empunhada pela classe dominante para o avanço de seus interesses particulares. O Estado capitalista é, portanto, uma mera aparência da verdadeira comunidade, assim como de aspiração a uma verdadeira universalidade que represente uma transvaloração dialética entre igualdade e diferença, sob a qual ambas se condicionam mutuamente, e que se reconheça em uma justa valoração do múltiplo. Para Marx a comunidade verdadeira é aquela em que cada ser humano determina livremente suas próprias condições de vida.

A experiência comunal, em seus diversos contextos, desde Rússia, Índia, América indígena até Paris, concentrou a atenção de Marx durante seus últimos anos de vida. Por exemplo, para ele, a experiência da Comuna de Paris testemunhava o movimento real da história como processo vivo e antecipador do que talvez não possa ainda acontecer, mas que está presente em modo de incubação de uma possibilidade real que existe no interior da luta de classes, cuja materialização é mais uma questão estratégica, isto é, um resultado da luta de classes e uma mudança no balanço real de forças em favor do comum como ruptura sistêmica, com caráter permanente e universal. "Não se trata já, portanto, de um problema que se deva resolver; trata-se simplesmente de um inimigo que se deve derrotar", insiste Marx. A partir disso aprofunda sua compreensão do fenômeno da regulação e governança. Visualiza não apenas a necessidade, mas sobretudo a possibilidade real de transitar até formas novas, sustentadas pelo comum, que levem ao progressivo deslocamento e extinção das formas burguesas prevalecentes. Sua perspectiva está definitivamente centrada no movimento real que nega e supera o estado de coisas atual. A experiência histórica concreta potencializa uma melhor compreensão acerca da possibilidade real de superar as relações sociais capitalistas em direção ao comunismo.

A Comuna de Paris representou para Marx a demonstração da possibilidade real de capacidade de autoinstituição da própria comunidade e de suas formas de produção e de propriedade comunal, e outro modo de relações sociais baseadas na associação livre dos produtores não determinada pela forma valor. Sob a Comuna se produziu a comunalização do trabalho e seus frutos em função dos interesses compartilhados dos comunais. Examinadas sob o prisma da experiência comunal parisiense, Marx viu aí um potencial emancipador igual ao das comunas russas, assim como na forma comunal de origem incaica e asteca, dentre outras.[31]

Por tal razão, Marx escreve, em 1872, um novo prefácio ao *Manifesto Comunista* em que aponta, sem equívoco, que se há algo para aprender com a Comuna de Paris é que os trabalhadores não podem se limitar "a tomar posse da máquina do Estado assim como está e se servir dela para seus próprios fins". Deve-se transformá-la na raiz, mediante a instituição de novas formas de regulação e governança, com seus correspondentes conteúdos substantivos. Por sua parte, Badiou considera como o mais importante do evento histórico que foi a Comuna de Paris de 1871 a inauguração da possibilidade real de um modo diferenciado de regulação e governança em mãos dos trabalhadores. Segundo ele, a Comuna não teria realizado de imediato o projeto autônomo do comum, mas o fez possível.[32]

---

31 GARCÍA LINERA, Álvaro. *Forma Valor y Forma Comunidad*. La Paz: CLACSO/Muela del Diablo/Comuna, 2009, p. 231-251; BOSTEELS, Bruno. "Estado, Comuna, Comunidad". *Revista Boliviana de Investigación*, 11 (1), 2014; ROSS, Kristen. *Communal Luxury: the Political Imaginary of the Paris Commune*. Nova Iorque/Londres: Verso, 2015, p. 78-89; ANDERSON, Kevin B. "Los Escritos Tardíos de Marx sobre Rusia Reexaminados". *Marxismo Crítico*, nov. 2007, p. 1-2, 7. Disponível em: http://marxismocritico.com/2014/02/26/los-escritos-tardios-de-marx-sobre-rusia-reexaminados-kevin-b-anderson/. Acesso em: 21 nov. 2018; e ZABEL, Gary. "Marx and the Archaic Commune". 2015, p. 3, 8. Disponível em: http://www.academia.edu/10683609/Marx_and_the_Archaic_Commune. Acesso em: 21 nov. 2018.
32 BADIOU, Alain. "The Paris Commune: a Political Declaration on Politics". *Fading Aesthetics*, 287-288, ago. 2013 (arquivo). Disponível em: https://www.marxists.org/espanol/mariateg/1928/7ensayos/. Acesso em: 10 dez. 2018.

A proposta marxista da comuna como fonte material de um novo modo de prescrição normativa e de governança baseado no princípio da autodeterminação para além da forma Estado e da forma jurídica conflui com o essencial das formas comunitárias em Nossa América tratadas anteriormente. Para Marx, a ordenação normativa deve se fundar na vontade material da comunidade e não em uma lei formal que apenas oculta, ao fim e ao cabo, a vontade e o interesse da classe burguesa. Por isso insiste em que se deve partir da vida material e do ser humano concreto. Deve-se romper com a tentação de estabelecer todas as suas causas na forma jurídica, uma vez que, como já adverti, poderíamos estar deixando de potencializar uma realidade que não se deixa representar cabalmente através do direito estadocêntrico atual e por sua racionalidade econômico-jurídica.

Não se trata de reduzir a forma comunidade de prescrição normativa e governança a um marco étnico e, menos ainda, a vê-lo como um mero "retorno à natureza". Nesse sentido, apesar de ver nestas formas comunitárias ou comunais não capitalistas expressões de um "comunismo natural e espontâneo", uma espécie de subsolo que pode também servir de referência às novas experiências da comuna, Marx manifesta a inquietude de que estas se circunscrevem em sua realidade imediata. Deve-se romper com a percepção de que ditas experiências comunais se tratam de fenômenos a-históricos e homogêneos cuja pertinência é estritamente local sem relação alguma entre si ou para além. Marx propõe, em oposição, que se cada comuna é inicialmente sua própria referência, sua superveniência como forma não capitalista, mas comum de propriedade e produção social, requer que se assuma a historicidade de sua condição, para além de sua naturalidade e em favor de um marco ampliado de relações sociais que inclua a necessária expansão de seu princípio de livre associação ao redor do comum, tanto no trabalho como na propriedade, em direção a uma totalidade da humanidade.

Trata-se, em última instância, de potencializar uma comunidade universal dos povos.

García Linera assinala a respeito:

> Consciente disso, Marx não se pôs a glorificar a comunidade em seu estado atual, nem muito menos se pôs a inventar medidas de caridade para pedir ao estado burguês que "resguarde" a comunidade. Viu, no lugar, que a comunidade ancestral só podia se desenvolver e fazer prevalecer seus traços coletivistas contanto que fosse capaz de promover levantes gerais contra o regime capitalista, isto é, contanto que as massas comunitárias levassem a cabo uma guerra revolucionária como parte fundante da Revolução Socialista de trabalhadores da cidade e do campo que pusesse fim tanto às forças individualistas no interior da comunidade, como ao regime capitalista que nos persegue por todas partes. Então, a comunidade não apenas terá de se conservar, mas também recuperar suas condições primárias de associação e controle dos produtores sobre a produção; e o melhor de tudo, o fará em condições novas e superiores devido a existência de novas forças e riquezas produtivas e pela presença mundial do proletariado, que possibilita a incorporação dessas riquezas e seu controle social, comum, comunitário pelos trabalhadores diretos; portanto, superação das antigas condições que por séculos empurraram a comunidade em direção a sua lenta dissolução.[33]

Mariátegui advertiu em seu momento que a singularidade do indígena não apenas está determinada por sua identidade cultural, mas também por sua condição socioeconômica dentro de uma sociedade de classes como a capitalista.[34] Cada sujeito

---

33 GARCÍA LINERA, Álvaro. *La Potencia Plebeya*. Buenos Aires: CLACSO/Prometeo, 2008, p. 58.
34 Conferira a obra seminal de MARIÁTEGUI, José Carlos. *Siete Ensayos sobre la Realidad Peruana*. Lima: Biblioteca Amauta, 1928. Disponível em: https://www.marxists.org/espanol/mariateg/1928/7ensayos/. Acesso em: 21 nov. 2018.

adquire seu sentido não apenas a partir de seu espaço imediato, mas como parte de uma totalidade que transcende claramente o particular. Trata-se, nesse sentido, de construir "um mundo onde caibam todos os mundos", como declaram os zapatistas. O sentido do comum não pode, por isso, se ater ao local e ao particular, mas deve se alçar para além, não por capricho ideológico de ninguém, mas por necessidade material da própria vida e do marco estratégico em que se desenvolva.

Se existia alguma dúvida, esta se dissipou sob o atual modelo neoliberal de acumulação por espoliação, que pretende subsumir totalmente os povos e as comunidades indígenas com suas terras, sob suas lógicas ampliadas de exploração e mercantilização. O capital não dá trégua em seu processo atual de proletarização ampliada de toda a sociedade. Isso, por sua vez, potencializou uma progressiva irmandade entre as diversas vertentes de contestação que entraram em cena, desde as resistências imediatas do local até as refundações transformadoras dos espaços nacionais ou plurinacionais, ainda que com suas contradições. É que a verdadeira história da comuna foi a da dialética contestadora do povo trabalhador, de sua rica pluralidade constitutiva, por articular e implantar novas condições de existência, dos níveis locais até os globais.

Para além do imaginário totalitário do capital que nos vendem da direita à esquerda, insisto que existe um novo *nomos*, isto é, um novo modo de ordenação política, econômica e social que irrompe, como impulso histórico do comum, e transborda crescentemente o Estado e o direito do presente. São processos sociais e políticos de natureza constitutiva que oferecem referências e novas possibilidades de contestação e afirmação. É preciso que esses processos sejam problematizados – e não idealizados – a partir da filosofia e da teoria crítica do direito, em particular, e da normatividade em geral, partindo de uma epistemologia tanto descolonial como transcapitalista. Deve-se analisá-los como focos de experiência que vão se materializando historicamente, de maneira muitas vezes inadvertida, como nova matriz normativa que assume uma forma ética alheia à forma valor própria do capital. Dessa maneira, estamos diante da irrupção de novas formas de criação de verdade e legitimidade, novos saberes, novas formas de governança e novos modos de individualização e de sociabilidade baseados no comum.

Conforme assinala García Linera, estamos falando do movimento real que assume "as lutas comuns do trabalho vivo para recuperar comunitariamente suas capacidades expropriadas".[35] Trata-se de processos particulares de corte histórico profundo que necessitam ser estrategicamente totalizados como "uma rede que vá como teia de aranha cobrindo o território do novo".[36] Só assim se poderá pôr de lado a sociabilidade capitalista-colonial, bem como a subjetividade que a sustenta.

Enfim, é preciso pensar fora do marco estreito da experiência sociojurídica prevalecente. Sem isso, seguiremos prisioneiros da positividade jurídica burguesa e de seus horizontes interpretativos e práticos alienantes e coloniais, para não dizer historicamente ermos. O grande fato que confrontamos com os capitalistas no presente é como forjar um modo comunitário de prescrição normativa e governança não alienante, sustentado na própria vida de nossas comunidades, em toda sua rica diversidade e na participação real de seus membros, na governança de si, tanto coletiva como individual. Nesse sentido, se trata de superar o horizonte limitado do direito capitalista; não podemos ignorá-lo, já que não é algo externo à nossa vida em comum. A construção desse "fora" do direito burguês, como do Estado capitalista,

---

35 BOSTEELS, Bruno. *El Marxismo en América Latina*. La Paz: Vicepresidencia del Estado Plurinacional de Bolivia, 2013, p. 99.
36 CHÁVEZ FRÍAS, Hugo. *Golpe de Timón: I Consejo de Ministros del Nuevo Ciclo de la Révolución Bolivariana*. Caracas: Correo del Orinoco, 2012, p. 16. Disponível em: http://www.psuv.org.ve/wp-content/uploads/2015/10/Golpe-de-Timón.pdf. Acesso em: 19 dez. 2018.

é altamente contraditória, pois não resta outra alternativa senão forjá-la a partir da presente pluralidade normativa na qual o direito, como objeto de um transbordamento constante, segue sendo hegemônico e, com ele, seu poder sancionador e repressor. Claro está, se ainda estamos relativamente "dentro" de uma forma Estado e uma forma jurídica, a decadência e progressiva extinção destas como formas historicamente hegemônicas está sendo facilitada pelos veios abertos em seu seio, cujo aprofundamento se dá a partir da crescente potencialização das lutas em que a comunidade se constitui como fonte material contra-hegemônica e, assim, fonte alternativa efetiva de normatividade.

Dessa forma, no fundo, se busca abordar a questão da seguinte perspectiva: como faremos para produzir uma nova subjetividade, uma nova ética da organização social e política da qual se possa potencializar uma nova situação de força que nos permita subtrair a produção e o intercâmbio social, assim como a governança e os processos de decisão política e de prescrição normativa, para fora do marco e da lógica da economia-mundo capitalista. É nesse contexto que se deve situar o comum, assim como a comuna e o comunal, como expressões afirmativas da possibilidade histórica do novo a partir de certas práticas, algumas afinidades e lutas que instituem formas bastante diversas de vida.[37]

"Comuna ou nada!", sentenciou o mandatário venezuelano Hugo Chávez pouco antes de morrer. A transformação revolucionária do que existe não se decreta; se constrói desde os espaços comunais, apontou. Nesse contexto é que se tem de produzir o diálogo vivo entre as diferentes narrativas e fontes do comum, seja a comuna marxista, a comuna bolivariana, a comunidade caxaquenha ou a comunidade zapatista.

---

37 Sobre este tema, ver: LAVAL, Christian; DARDOT, Pierre. *Común*. Barcelona: Gedisa, 2015, p. 450-451, 460-462, 477-479.

REFERÊNCIAS

ADORNO, Theodor. *Dialética Negativa*. Rio de Janeiro: Zahar, 2013.
AGAMBEN, Giorgio. *Estado de Excepción*. Buenos Aires: Adriana Hidalgo, 2007.
_____. *Homo Sacer: o Poder Soberano e a Vida Nua*. Belo Horizonte: UFMG, 2007.
_____. *Estado de Exceção*. São Paulo: Boitempo, 2004.
_____. *Homo Sacer: Sovereign Power and Bare Life*. Stanford: Stanford University Press, 1998.
ANDERSON, Kevin B. "Los Escritos Tardíos de Marx sobre Rusia Reexaminados". *Marxismo Crítico*, 7: 1-2. nov. 2007. Disponível em: http://marxismocritico.com/2014/02/26/los-escritos-tardios-de-marx-sobre-rusia-reexaminados-kevin-b-anderson/.
ARRIGHI, Giovanni. *The Long Twentieth Century*. Londres/Nova Iorque: Verso, 2010.
BADIOU, Alain. "The Paris Commune: a Political Declaration on Politics". *Fading Aesthetics*: 287-288, ago. 2013 (arquivo). Disponível em: https://fadingtheaesthetic.files.wordpress.com/2013/08/badiou-paris-commune.pdf. Acesso em: 10 dez. 2018.
BARKIN, David. "Hacia un Nuevo Paradigma Social". *Polis*, 33, 2012. Disponível em: http://polis.revues.org/8420. Acesso em: 19 nov. 2018.

BLANKE, Bernhard; JÜRGENS, Ulrich; KASTENDIEK, Hans. "On the Current Marxist Discussion on the Analysis of Form and Function of the Bourgeois State". In: HOLLOWAY, John; PICCIOTTO, Sol. *State and Capital: a Marxist Debate*. Londres: Edward Arnold, 1978.

BOBBIO, Norberto. "Marx y la Teoría del Derecho". In: *XII Congresso Nacional da Sociedade Italiana de Filosofia Jurídica e Política*. Ferrara, Itália, 5 out. 1978 (tradução ao castelhano da exposição do autor em uma mesa redonda).

BONNET, Alberto; HOLLOWAY, John; TISCHLER, Sérgio. *Marxismo Abierto: una Vision Europea y Latinoamericana*. Caracas: Monte Avila, vol. I, 2006.

BOSTEELS, Bruno. "Estado, Comuna, Comunidad". *Revista Boliviana de Investigación*, 11 (1), 2014.

_____. *El Marxismo en América Latina*. La Paz: Vicepresidencia del Estado Plurinacional de Bolivia, 2013.

BRAUDEL, Ferdinand. *Afterthoughts on Material Civilization and Capitalism*. Baltimore: Johns Hopkins University Press, 1977.

CAIN, Maureen. "Gramsci, the State and the Place of Law". In: SUGARMAN, David. *Legality, Ideology and the State*. Londres/Nova Iorque: Academic Press, 1983.

CALDAS, Camilo Onoda. *A Teoria da Derivação do Estado e do Direito*. São Paulo: Outras Expressões/Dobra, 2015.

CERRONI, Umberto. *Marx y el Derecho Moderno*. Cidade do México: Grijalbo, 1975.

CHÁVEZ FRÍAS, Hugo. *Golpe de Timón: I Consejo de Ministros del Nuevo Ciclo de la Revolución Bolivariana*. Caracas: Correo del Orinoco, 2012. Disponível em: http://www.psuv.org.ve/wp-content/uploads/2015/10/Golpe-de-Timón.pdf. Acesso em: 19 dez. 2018.

_____. *El Socialismo del Siglo XXI*. Caracas: Colección de Cuadernos para el Debate/Ministerio del Poder Popular para la Comunicación y la Información, 2011.

DERRIDA, Jacques. *Specters of Marx*. Nova Iorque: Routledge, 1994.

DÍAZ GÓMEZ, Floriberto. "Comunidad y Comunalidad". 2004. Disponível em: http://www.insumisos.com/lecturasinsumisas/Comunidad.%20y%200comunalidad.pdf. Acesso em: 19 nov. 2018.

DUSSEL, Enrique. *Dieciséis Tesis de Economía Política*. Cidade do México: Siglo XXI, 2014.

_____. *Veinte Tesis de Política*. Cidade do México: Siglo XXI, 2006.

ENGELS, Friedrich. "Del Socialismo Utópico al Socialismo Científico'. *In:* MARX, Karl; ENGELS, Friedrich. *Obras Escogidas*. Moscou: Progreso, 1969.

_____. [*Carta*] 18-28 mar. 1875, Londres [para] BEBEL, August.

FERREIRA, Eder. "Entrevista a Oscar Correas". *Revista Jurídica Direito & Realidade*, 1 (1): 34, jan.-jun. 2011.

FOUCAULT, Michel. *Nacimiento de la Biopolítica*. Cidade do México: Fondo de Cultura Econômica, 2007.

_____. *Seguridad, Territorio, Población*. Buenos Aires: Fondo de Cultura Econômica, 2006.

_____. *Defender la Sociedad*. Cidade do México: Fondo de Cultura Econômica, 2000.

_____. *Historia de la Sexualidad*. I: *La Voluntad de Saber*. Cidade do México: Siglo XXI, 1996.

_____. *La Verdad y las Formas Jurídicas*. Barcelona: Gedisa, 1995.

GARCÍA LINERA, Álvaro. *Forma Valor y Forma Comunidad*. La Paz: CLACSO/Muela del Diablo/Comuna, 2009.

_____. *La Potencia Plebeya*. Buenos Aires: CLACSO/Prometeo, 2008.

GUEVARA, Ernesto. *Apuntes Críticos a la Economía Política*. Melbourne/Nova Iorque/Havana: Centro de Estudios Che Guevara/Ocean Sur, 2006.

_____. *El Socialismo y el Hombre en Cuba*. Nova Iorque Pathfinder, 1988.

HARVEY, David. *A Brief History of Neoliberalism*. Oxford: Oxford University Press, 2005.

HOLLOWAY, John. "El Debate sobre la Derivación del Estado. Una Reflexión Reminiscente". *In*: BONNET, Alberto; PIVA, Adrián (ed.). *Estado y Capital. El Debate Alemán sobre la Derivación del Estado*. Buenos Aires: Herramienta, 2017.

_____. "Cambiar el Mundo sin Tomar el Poder". Disponível em: https://ilusionismosocial.org/pluginfile.php/601/mod_resource/content/3/cambiar-el-mundo-el-poder-1275850.pdf. Acesso em 19 nov. 2018.

HOLLOWAY, John; PICCIOTTO, Sol (ed.). *State and Capital*. Londres: Edward Arnold, 1978.

JARAMILLO, Rubén (ed.). *Karl Marx, Escritos de Juventud sobre el Derecho. Textos 1837-1847*. Barcelona: Anthropos, 2008.

KAFKA, Franz. *O Processo*. São Paulo: Companhia de Bolso, 2005.

KELSEN, Hans. *Teoría Comunista del Derecho y el Estado*. Buenos Aires: EMECÉ, 1957.

_____. *The Communist Theory of Law*. Nova Iorque: Praeger, 1955.

LACAN, Jacques. "La Lógica del Fantasma". *Seminario 14*, Clase 15, 12 abr. 1967.

LAVAL, Christian; DARDOT, Pierre. *Común*. Barcelona: Gedisa, 2015.

MARCUSE, Herbert. *El Fin de la Utopía*. Cidade do México: Siglo XXI, 1969.

_____. *Eros y Civilización*. Barcelona: Seix Barral, 1968.

MARTÍNEZ LUNA, Jaime. *Eso que Llaman Comunalidad*. Oaxaca, Cidade do México: Culturas Populares CONACULTA/Secretaría de Cultura, Gobierno de Oaxaca/Fundación Alfredo Harp Helú Oaxaca, A. C., 2009

MARX, Karl. "En Defensa de los Ladrones de Leña" (1842). *In*: MARX, Karl; BENSAID, Daniel. *Contra el Expolio de Nuestras Vidas*. Madri: Errata Naturae, 2015.

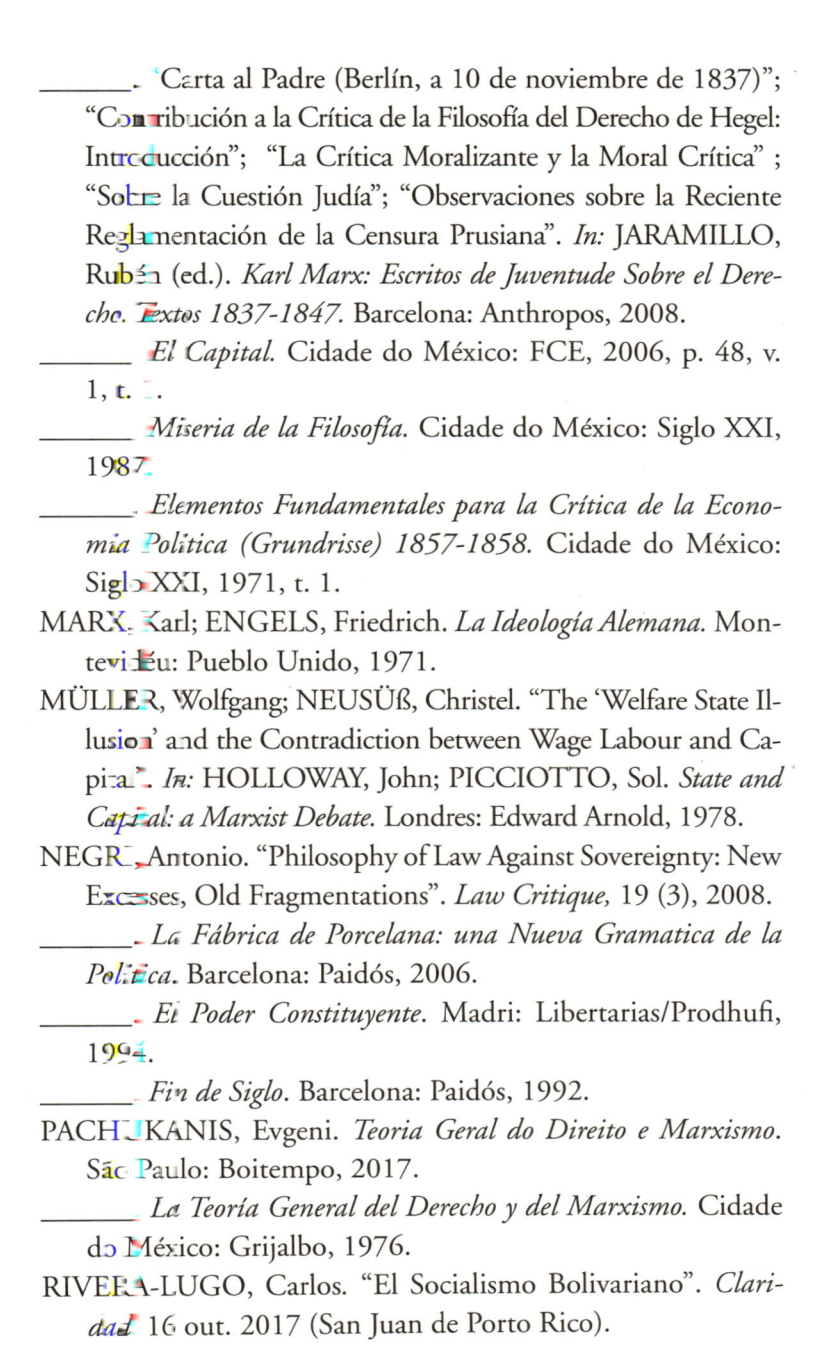

_____. 'Carta al Padre (Berlín, a 10 de noviembre de 1837)"; "Contribución a la Crítica de la Filosofía del Derecho de Hegel: Introducción"; "La Crítica Moralizante y la Moral Crítica" ; "Sobre la Cuestión Judía"; "Observaciones sobre la Reciente Reglamentación de la Censura Prusiana". *In:* JARAMILLO, Rubén (ed.). *Karl Marx: Escritos de Juventude Sobre el Derecho. Textos 1837-1847*. Barcelona: Anthropos, 2008.

_____ *El Capital*. Cidade do México: FCE, 2006, p. 48, v. 1, t. 1.

_____ *Miseria de la Filosofía*. Cidade do México: Siglo XXI, 1987.

_____. *Elementos Fundamentales para la Crítica de la Economía Política (Grundrisse) 1857-1858*. Cidade do México: Siglo XXI, 1971, t. 1.

MARX, Karl; ENGELS, Friedrich. *La Ideología Alemana*. Montevideu: Pueblo Unido, 1971.

MÜLLER, Wolfgang; NEUSÜß, Christel. "The 'Welfare State Illusion' and the Contradiction between Wage Labour and Capital". *In:* HOLLOWAY, John; PICCIOTTO, Sol. *State and Capital: a Marxist Debate*. Londres: Edward Arnold, 1978.

NEGRI, Antonio. "Philosophy of Law Against Sovereignty: New Excesses, Old Fragmentations". *Law Critique,* 19 (3), 2008.

_____. *La Fábrica de Porcelana: una Nueva Gramatica de la Política*. Barcelona: Paidós, 2006.

_____. *El Poder Constituyente*. Madri: Libertarias/Prodhufi, 1994.

_____. *Fin de Siglo*. Barcelona: Paidós, 1992.

PACHUKANIS, Evgeni. *Teoria Geral do Direito e Marxismo*. São Paulo: Boitempo, 2017.

_____. *La Teoría General del Derecho y del Marxismo*. Cidade do México: Grijalbo, 1976.

RIVERA-LUGO, Carlos. "El Socialismo Bolivariano". *Claridad,* 16 out. 2017 (San Juan de Porto Rico).

ROSS, Kristen. *Communal Luxury: the Political Imaginary of the Paris Commune.* Nova Iorque/Londres: Verso, 2015.

RUBIN, Isaak Illich. *Ensayos sobre la Teoria Marxista del Valor.* Córdova, AR: Siglo XXI, 1974 (Cuadernos de Pasado y Presente, 53).

SANTOS, Boaventura de Sousa. "Justicia Popular, Dualidad de Poderes y Estrategia Socialista". *Revista de Sociología,* 15: 245-247, 1980.

SIERRA, María Teresa; HERNANDEZ, Rosalva Aída; SIEDER, Rachel (eds.). *Justicias Indígenas y Estado.* Cidade do México: FLACSO/CIESAS, 2013.

VERAZA, Jorge. "Claves Argumentales para la Crítica del Derecho en *El Capital*: Crítica de la Economía Política". *In: XI Conferencia Latinoamericana de Crítica Jurídica.* Facultad de Economía, UNAM, México, 2015.

WALLERSTEIN, Immanuel. *El Futuro de la Civilización Capitalista.* Barcelona: Icaria, 1997.

ZABEL, Gary. "Marx and the Archaic Commune". 2015, p. 3, 8. Disponível em: http://www.academia.edu/10683609/Marx_and_the_Archaic_Commune. Acesso em: 21 nov. 2018.